Das verborgene Wissen der Welt

ATLANTIS
wird herausgegeben von
Dr. Hans Christian Meiser

ATLANTIS

Johannes von Buttlar

Der flüsternde Stein

Götter, Priester, Könige:
Das Geheimnis der Kristall-Orakel

BASTEI LÜBBE

BASTEI LÜBBE TASCHENBUCH
Band 70179

1. Auflage: Juni 2001
2. Auflage: Februar 2002

Vollständige Taschenbuchausgabe

Bastei Lübbe Taschenbücher ist ein Imprint
der Verlagsgruppe Lübbe

© 2000 by Heinrich Hugendubel Verlag,
Kreuzlingen/München
Lizenzausgabe: Verlagsgruppe Lübbe GmbH & Co. KG,
Bergisch Gladbach
Umschlaggestaltung: Wustmann & Ziegenfeuter,
Dortmund
Satz: Verlagsservice G. Pfeifer/EDV-Fotosatz Huber,
Germering
Druck und Verarbeitung: Ebner & Spiegel, Ulm
Printed in Germany
ISBN 3-404-70179-8

Sie finden uns im Internet unter
http://www.luebbe.de

Inhalt

Zurück nach Sumer.   7

Im Anfang war der Stein. 27

Meister der sprechenden Steine 49

Das Handy Gottes. 67

Der Heilige Gral 85

Die Macht der Heiligen Lade 103

Der Nabel der Welt. 123

Das Geheimnis der Steinkreise 149

Das Kristallwissen von Atlantis. 173

Das Dragon-Projekt. 203

Literatur- und Quellenverzeichnis. 218

DANK

meinem langjährigen Freund, Michael Hesemann, für seine wertvolle Mitarbeit bei einem Projekt, das uns beide seit Jahren fasziniert, und schon in den prähistorischen Anlagen Englands, vor allem aber in Glastonbury, zu stundenlangen Diskussionen angeregt hat: »Der flüsternde Stein«,

ebenso Dr. Hans Christian Meiser für seine »geduldige Beharrlichkeit«, den Stein nicht nur flüstern zu lassen, sondern auch im Druck zu sehen, sowie Frau Petra Riedhammer für ihr liebevolles Lektorat,

vor allem aber Elis', meiner Frau, die nicht nur Mitleidende meiner Arbeit ist, sondern nicht müde wird, mich zur Verwirklichung anzutreiben. Ihr ist dieses Buch von ganzem Herzen gewidmet.

Johannes von Buttlar
Ebene Reichenau, im Herbst 1999

Zurück nach Sumer

London, Britisches Museum: Gedankenverloren gehe ich an den gewaltigen Sphingen von Nimrod vorüber, an den Häuptern bärtiger Männer auf kraftvollen Löwenleibern mit Adlerschwingen. Selbst das prachtvolle Relief mit der Darstellung des Thronsaals von Nimrod, wo krausbärtige Götter den Lebensbaum hüten, passiere ich achtlos. Es kommt mir nicht einmal in den Sinn, daß dieser Lebensbaum einer Darstellung dcr DNS-Spirale unserer Zeit frappierend nahekommt, und die geflügelte Scheibe des Gottes Assur einem Flugzeug gleich über ihm schwebt.

Mein Ziel ist ein anderes: Zurück nach Sumer – nach Eridu, zurück zu den Anfängen. Mein Weg führt mich in den ersten Stock des wohl bedeutendsten Kulturhistorischen Museums unseres Planeten, hinauf in die Räume, die den Ausgrabungen von Ur und Eridu vorbehalten sind, bis ich schließlich vor einer Vitrine mit unscheinbaren, von der Zeit und den Elementen geschwärzten Tafeln aus gebranntem Ton verharre. Wie eingestanzt sind darauf horizontale, vertikale und diagonale Linien erkennbar, einem Computer-Code ähnlich – Keilschrift, die älteste Schrift der Welt. Wer weiß, vielleicht erzählt die Tontafel, vor der ich gerade stehe, die Ur-Version des Prometheus – Mythos? Aber sie berichtet nicht vom Feuer, das der Held der griechischen Sage den Göttern zum Wohle der Menschheit entwendete. Doch darum geht es hier nicht, sondern vielmehr um die ME-Steine, die von Zu, einem Sohn der Götter, begehrten Tafeln des Schicksals.

Während ich wie gebannt auf den Keilschrift-Code starre, beginnen die Konturen des Raumes vor meinen Augen zu verschwimmen: »Kein Raum, keine Zeit, ich existiere nur noch«, wie es in der mystischen Dichtung des alten Indien, in den »Upanischaden« heißt.

Ich reise durch die Zeit. Zurück nach Sumer, zurück zu den Anfängen.

Eridu, 3800 v. Chr.

Langsam nimmt die mächtige Stadt ringsum Gestalt an. Ich schlendere eine breite Straße entlang, gesäumt von ein- und zweistöckigen Häusern aus gebrannten Lehmziegeln. Auf den mit farbigen Stoffen überspannten Dachterrassen sitzen Menschen in angeregter Unterhaltung. Vielleicht sprechen sie über den jüngsten Erlaß des Priesterkönigs, der vom Hohen Rat des Oberhauses genehmigt wurde und nun vor dem Unterhaus verhandelt wird, oder sie schließen einfach nur Geschäfte ab.

Männer in farbenfrohen Gewändern mit schwarzem, kurzgeschnittenem Haar spazieren an den zahlreichen Schankstuben der lebensfrohen Stadt vorbei. Eine Gruppe von Männern trinkt aus bunt bemalten Bechern aus gebranntem Ton Bier. 60 Sorten stehen zur Auswahl! Andere ziehen das »kühle Naß« in einem der zahlreichen öffentlichen Bäder vor, die durch die zentrale Wasserversorgung der Stadt stets frisches Wasser haben. Eine der Nebenstraßen, die geradewegs aus der Stadt führt, bringt mich hinaus zu wogenden Getreidefeldern und Dattelpalmenhainen, die sich im Wasser der Kanäle und Seen spiegeln. – Kaum vorstellbar, daß in 5800 Jahren von all dem nichts mehr zu sehen sein wird. Keine prachtvolle Stadt mehr, keine Kanäle und Seen, nur noch Wüste und wandernde Sanddünen! – Nun aber fahren die Schiffe noch bis unter die mit prachtvollen Tempeln geschmückte Akropolis von Eridu. Elegante Frauen in kostbaren Gewändern, Goldschmuck im hochgesteckten Haar und mit Edelsteinketten an Armen und Hals flanieren in den gepflegten Ladenstraßen, in denen sie alles kaufen können, wonach ihnen der Sinn steht: wohlriechende Parfüms und Schminke aus Ägypten, Kupferschmuck aus Magan, dem heutigen Oman, edle Stoffe und Silberwaren aus Melukha, dem Indus-Tal. All das bringen die sumerischen Handelsschiffe in die blühenden Städte an der Mündung von Euphrat und Tigris.

Im Dunst des schwülheißen Sommertages erhebt sich die von zwei mächtigen Mauern umgebene, steil aufragende Zikkurat – der Tempelturm des Enki, des »Herrn der Erde«. Das muß der Abzu sein, oder das »Heim in den Wassern«. So wurde der Enki-Tempel auch genannt, um immer daran zu erinnern, daß Enki und seine Gefährten in den Fluten des Persischen Golfs zur Erde kamen. Als sie endlich Land erreichten, gründeten sie am Rande der Sümpfe des fruchtbaren Mesopotamiens Eridu, so die Legende, das »fern von der Heimat erbaute Haus«! Dies war ihre erste Kolonie, die schließlich dem ganzen Planeten seinen Namen geben sollte: aus Eridu wurde Erde; aramäisch = »Ereds«, kurdisch = »Erd« oder »Ertz«, hebräisch = »Eretz«.

> »Als das himmlische Königtum vor der Flut
> auf die Erde kam,
> entfaltete es sich zuerst in Eridu.
> Der Herr der Wassertiefe, Enki,
> erbaute sein Haus,
> in Eridu erbaute er das Haus der Erde im Wasser.
> König Enki hat ein Haus gebaut:
> Gleich einem Berg errichtete er Eridu am Boden;
> an einem guten Ort hat er es gebaut«,

heißt es in der Chronik der Sumerer. Er, der vorher Ea hieß, »dessen Haus Wasser ist«, war jetzt der Enki, der »Herr des festen Bodens«, der Erde. Seine neue Heimat, das fruchtbare Land zwischen den Mündungen von Euphrat und Tigris im heutigen Irak, taufte er Edin, »Heim der Gerechten«. Es war der Garten Eden der Bibel, das Paradies, und so wundert es nicht, daß auch das Buch Genesis Euphrat und Tigris als zwei der Paradiesströme nennt. Enki's Begleiter erhielten für alle Zeiten den Namen Anunnaki, »Jene, die vom Himmel (An) auf die Erde (Ki) gekommen sind«. Sie waren die »Götter«, die »elohim« der Bibel, zu denen ihr Anführer sprach: »Lasset uns Menschen machen nach unserem Ebenbilde.«

Sie brauchten Menschen als »lulu amelu«, als primitive Arbeiter, heißt es im Atrahasis, dem Schöpfungsmythos der Sumerer. Der Mensch wurde als Sklave der Götter geschaffen, als einer, der ihre Felder bewässert, sät, erntet und Tempel erbaut. Diese waren die Wohnstätten, der Anunnaki, zu denen sie, wann immer sie wollten, herabkamen und dort residierten, um die Früchte der Arbeit ihrer Untertanen in Empfang zu nehmen. Ein Tempel, so auch die vor mir aufragende Zikkurat von Eridu, war eine Mischung aus Botschaft und Palast, Bank und Universität. Ganz gleich, ob dieser Tempel nun zweistöckig war, wie der Abzu von Eridu oder 91 Meter aufstieg, wie der berühmte »Turm zu Babel«, die Zikkurat von Babylon, das Grundprinzip blieb stets unverändert:

Nur die Priester und der König durften den Tempelturm betreten und natürlich auch die berühmten, reich geschmückten und stark parfümierten Tempelprostituierten. Unter den schönsten Töchtern der Stadt konnte sich der zu Besuch weilende Gott eine für die Nacht, die er im Tempel verweilte, auswählen. Ein solches Tempel-»Penthouse« befand sich auch in der letzten und berühmtesten Zikkurat, im »Turm von Babylon«, den der griechische Geschichtsschreiber Herodot (500–424 v. Chr.) 3000 Jahre später staunend beschrieb, als er die Stadt am Euphrat aufsuchte:

> *»In der Mitte des Heiligtums (der Tempelanlage) ist ein fester Turm errichtet, ein Stadion (etwa 185 Meter) lang und ein Stadion breit, und auf diesem Turm steht ein zweiter Turm und auf diesem wieder ein anderer und so weiter, bis zu acht Türme. Außen um diese Türme ist eine Stiege gebaut, auf der man an ihnen hinaufsteigt, und wenn man bis zur Mitte hinaufgestiegen ist, findet man einen Ort zur Rast und Sitze zum Ausruhen. Oben auf dem letzten Turm steht ein großes Tempelhaus, und in dem Tempel steht ein großes Bett, mit schönen Decken belegt, und davor ein goldener Tisch. Aber kein Götterbild ist darin aufgestellt. Nachts darf sich dort kein Mensch aufhalten, außer einem Weib, das sich der Gott aus allen Weibern des Landes auserlesen hat. So sagen die Chaldäer, die Priester dieses Gottes sind. Diese Priester erzählen auch ... der Gott käme selber jeweils in den Tempel und schlafe auf dem Ruhebett ... Wenn aber der Gott erscheint, wird die Frau während der Nacht mit ihm eingeschlossen.«* [*]

Daß die Tempel ursprünglich als Suiten der Götter dienten, geht auch aus dem babylonischen Marduk-Epos hervor, in dem der Gott zu seinen himmlischen Kollegen spricht:

---

[*] Zit. aus: Herodot: *Neun Bücher der Geschichte*. 1. Buch *Kleio*, Kap. 181.182, S. 94 f.

»Wenn vom Himmel ihr herabsteigt
zur Versammlung,
soll euch ein Ruheplatz für die Nacht
aufnehmen.
Ich will ihn Babylon nennen –
Das Tor der Götter.«

Diese so überaus physische Beziehung zu den Göttern war die Kraftquelle der mesopotamischen Kulturen. Ihre großen Helden, allen voran Gilgamesch, der nach Unsterblichkeit suchte, waren die Kinder, die aus diesen Beziehungen hervorgingen. Göttersöhne oder Halbgötter, ausgestattet mit übermenschlichen Kräften und Fähigkeiten. Selbst die Bibel, das Buch Genesis, erinnert noch an diese Zeit, wenn es im 6. Kapitel heißt:

»Es begab sich, daß die Menschen auf Erden sich
zu vermehren begannen und ihnen auch Töchter
geboren wurden.
Da sahen die Gottessöhne, daß die Töchter der
Menschen schön waren, und sie nahmen sich zu
Frauen, welche sie mochten … Zu jenen Zeiten
waren Giganten auf Erden, auch nachher noch,
als die Gottessöhne mit den Töchtern der
Menschen verkehrten und diese ihnen gebaren;
das sind die starken Männer der Urzeit, Leute
mit Namen.«

Doch die Götter kamen nicht nur zur Befriedigung ihrer leiblichen Bedürfnisse zur Erde, sondern auch, um die Menschen in allerlei Künsten zu unterweisen. So stand für die Sumerer fest, daß ihre »quasi aus dem Nichts« entstandene Kultur auf die Begegnung mit den Anunnaki zurückzuführen war, durch welche die Flamme ihrer Kultur entzündet wurde. – Historiker und Archäologen des 20. Jahrhunderts n. Chr. sehen sich allerdings in Bezug darauf vor eines der größten Rätsel der Geschichte gestellt. – Jedenfalls schrieben die Sumerer all ihre Kenntnisse, kurz alles, was sie wußten, die großen Pionierleistungen der ersten Zivilisation auf Erden, ihren himmlischen Lehrmeistern zu. Wenn die Götter am Morgen in den Armen ihrer Schönen erwachten, unterwiesen sie die Priester in ihrem Wissen, die es in den Tempelschulen weiter vermittelten. In diesen ersten Universitäten der Erde wurden Geographie und Botanik, Zoologie, Mineralogie, Architektur und Mathematik, Astronomie, Astrologie, Theologie und Recht, Literaturwissenschaften sowie Politologie gelehrt. So behauptet der Wissenschaftler Helmut Uhlig, daß »die sumerische Universität« bereits ein ähnliches Lehr- und Forschungsprogramm vertreten hat wie die Hochschulen des 20. Jahrhunderts n. Chr. Und das etwa 6000 Jahre zuvor! »Die Geschichte beginnt in Sumer«, stellte der amerikanische Sumerologe Noah Samuel Kramer fest und zählte ganze 39 Pionierleistungen der Menschen im Zweistromland: Darunter die ersten Schulen, die ersten Zweikammer-Parlamente, die ersten Gerichte, die ersten Literaturdebatten, das erste Liebeslied, die erste Formulierung moralischer Ideale, die erste Geschichtsschreibung. Das politische System in den sumerischen Staaten wird abwechselnd als »theokratischer Sozialismus« oder als »frühe Form der Demokratie« beschrieben.

Besonders hoch entwickelt war die Medizin. So fanden Archäologen präzise beschriftete Tonmodelle der wichtigsten Organe, mit deren Hilfe jene Studenten unterwiesen wurden, die einmal Ärzte werden wollten. Sie mußten alle drei Gattungen der sumerischen Heilkunst kennen, nämlich »bultitu« (Therapie), »schipir bei imti« (Chirurgie) und »urti masch-maschsche« (Gebete und Affirmationen). Erst in den letzten Jahren begriff die moderne westliche Medizin, wie wichtig die bisher von uns so vernachlässigte drit-te Gattung ist, daß positives Denken und ein fester Glaube den Heilungsprozeß beschleunigen, ja sogar präventiv wirken können. Sowohl die Erkenntnis ei-nes Placebo-Effekts, d.h. die nachweisbare Wirkung völlig wirkstoffloser Zuckerpillen, wie die Psychoso-matik, die den seelischen Ursachen zahlreicher Krank-heiten bis hin zum Krebs wesentliche Bedeutung bei-mißt, lehrten uns langsam, wie unvollständig unser Medizinverständnis war, das nur zu gerne den Körper als eine zu reparierende Maschine sah und die Seele vernachlässigte. Von den Sumerern lernen heißt, die Zukunft entdecken!

Medikamente wurden aus Pflanzen und wasserlös-lichen Mineralstoffen produziert, wie aus einem phar-makologischen »Handbuch« hervorgeht, das amerika-nische Archäologen der Universität von Pennsylvania in den 30er Jahren in den Ruinen der Stadt Nippur (Nibruki) ausgruben. Seit diesem Fund wissen wir, daß sumerische Medikamente aus pflanzlichen, tierischen und mineralogischen Elementen zusammengesetzt waren. Gerne benutzt wurden Sodiumchlorid und Potassiumnitrat, aber auch Milch, Schlangenhaut und Schildkrötenpanzer. Die meisten Wirkstoffe jedoch stammten aus der Pflanzenwelt, aus Samen, Wurzeln, Zweigen, Früchten, der Rinde und dem Harz der Weide, aus der Dattelpalme, dem Birnen- und Feigen-baum sowie der Kiefer. Sumerische Ärzte – man un-terschied zwischen dem Azu, dem »Wasserarzt«, und dem Iazu, dem »Ölarzt« – verschrieben Sauberkeit und Waschungen, heiße Bäder in mineralreichem Schlamm und Pulver, die in Bier, Wein und Honig gemischt wurden. Zur Desinfektion verwendeten sie Alkohol, »kulu« genannt. Daraus entstand im Arabischen »al kohl«.

Wer in dieser ausgeklügelten Heilkunst versagte, wurde schwer bestraft. Strenge Gesetze regelten nicht nur die Honorare der Ärzte, sondern auch die Bestrafung bei Fehlschlägen, wobei sie uns, ganz nebenbei, noch viel über die erstaunlichen Fähigkeiten der sumerischen Medizin verraten. So heißt es, daß einem Chirurg, der beim Durchbohren der Schläfe das Auge seines Patienten verletzte, die Hand abgehackt wurde. In einem sumerischen Bericht steht, daß »der Schatten, der eines Mannes Auge bedeckte«, ein Tumor also, chirurgisch entfernt wurde. Schädelfunde in sumerischen Gräbern belegen, daß die Sumerer tatsächlich komplizierte Gehirnoperationen durchgeführt haben müssen.

Auch in der Mathematik brachten es die Sumerer zu wahren Glanzleistungen. Sie waren Meister der Multiplikation und Division, berechneten Quadratzahlen und Quadratwurzeln, Kubikzahlen und Kubikwurzeln, reziproke Werte und Exponentialfunktionen und summierten Flächen- und Rauminhalte, die für die Lösung kubischer Gleichungen benötigt wurden. Dabei bedienten sie sich eines Sexagesimalsystems mit der Grundzahl 60, d.h. der »Zahl des Menschen«, 10, multipliziert mit der »Zahl der Götter«, der 6. Wenn wir in unserer Zählweise trotz Dezimalsystem auf die Zehn die Elf und die Zwölf statt der Einzehn und der Zweizehn folgen lassen, dann ist dies ein Erbe der Sumerer. Die Aufteilung des Kreises in 360 Grad und des Tages in $2 \times 12 = 24$ Stunden zu je 60 Minuten geht ebenso auf sie zurück wie die 12 Monate, das Jahr zu 365,24 Tagen und der Zodiak mit 12 Tierkreiszeichen, die von ihnen Ulhhe (»Glänzende Herde«) genannt wurden. So hießen die einzelnen Tierkreiszeichen:

GU.AN.NA (»Himmlischer Stier«) = Stier
MASCH.TAB.BA (» Zwilling«) = Zwilling
DUB (»Kneifzange«) = Krebs
UR.GZLA (»Löwe«) = Löwe
AB.SIN (»Ihr Vater war der Sin«, der Mondgott)
   = Jungfrau
ZI.BA.AN.NA (»Himmlisches Schicksal«) = Waage
GIR.TAB (»Kratzendes und Schneidendes«) = Skorpion
PA.BIL (»Verteidiger«) = Schütze
SUHUR.MASCH (» Ziegenfisch«) = Steinbock
GU (»Herr der Gewässer«) = Wassermann
SIM.MAH (»Fische«) = Fische
KU.MAL (»Feldbewohner«) = Widder

Heiß und unbarmherzig brannte die gleißende Wü-
stensonne herab, als der britische Archäologe Henry
Austen Layard die Ruinen des biblischen Niniveh im
Herbst 1849 aus dem staubigen Wüstensand graben
ließ. Tag für Tag legten seine Helfer neue Fundamente einst mächtiger Ziegelbauten unter den Sanddünen
des nördlichen Irak frei. Und mit ihnen die gewaltigen
Flügelsphingen sowie imposante Reliefs, die nun im
Britischen Museum von London zu besichtigen sind.
Das im Norden des heutigen Irak gelegene Niniveh
war dereinst die Hauptstadt des kriegerischen Assy-
rerreichs, eine blühende Metropole des 8. und 7. Jahrhunderts v. Chr. Es war jene biblische Stadt, in die
Gott den Propheten Jonas entsandte, um ihr ein dro-
hendes Strafgericht zu verkünden, das er dann doch
nicht vollzog, weil ihre Bürger einsichtig waren und
Buße taten. Bei ihrer Gründung, als ihre mächtigen
Mauern am Euphratufer hochgezogen wurden, existierte Sumer nur mehr in den Erinnerungen der Menschen. Ein Jahrtausend war seit dem Untergang der
blühenden Stadtstaaten vergangen. Neue Reiche ent-

standen aus ihren Trümmern, erst das der Babylonier, danach das der Assyrer, die Stadt um Stadt mit überlegener Kriegstechnik unterwarfen und deren Schätze abtransportierten. Gigantische Paläste hinter turmhohen Toren legten Zeugnis von ihren Herrschern ab und flößten jedem Besucher die Hochachtung ein, die dem »König der Könige«, dem Herrn der Assyrer gebührte. Doch Layards wichtigster Fund waren nicht die Monumente der Könige, so sehr diese den Wissenschaftler auch beeindruckten, sondern die Palastbibliothek des Königs Assurbanipal mit ihren 25 000 Keilschrifttafeln, die erst in späteren Jahrzehnten in mühevoller Arbeit »entschlüsselt« werden konnten. Sie waren zwar in assyrischer Sprache verfaßt, aber die Verwendung zahlreicher sumerischer Lehnwörter ließ darauf schließen, daß es sich um Übersetzungen älterer Texte handelte. Zudem trugen viele den Vermerk »übersetzt aus der Sprache von Schumer«, wie der eigentliche Name von Sumer lautet. König Assurbanipal, einer der wenigen Kriegerkönige Assurs, der zudem über eine hohe Bildung verfügte, hatte seine Schriftgelehrten beauftragt, alle überlieferten Texte dieser uralten Zivilisation zusammenzutragen und zu übersetzen. So entstand in Niniveh eine einzigartige Bibliothek, eine Sammlung des gesamten Wissens seiner Zeit. Und der König rühmte sich in einer Inschrift: »Der Gott der Schriftgelehrten hat mir die Gabe verliehen, mich auf meine Kunst zu verstehen. Ich bin in die Geheimnisse des Schreibens eingeweiht worden. Ich kann sogar die schwierigen Tafeln auf schumerisch lesen. Ich verstehe die rätselhaften, in Stein gemeißelten Wörter aus den Tagen vor der Flut.«

Ein Großteil dieser Texte, so stellte sich heraus, befaßte sich mit Fragen der Astronomie. Das verwundert nicht, galt diese doch in der Antike weithin als die »chaldäische Wissenschaft«, und Chaldäa war der Name für Sumer, der auch in der Septuaginta, der griechischen Bibelübersetzung, steht. Als die Forscher 1925 alle den Sumerern bekannten Sternbilder identifiziert hatten, stießen sie auf eine Sensation. Während in der europäischen Astronomie nur 19 Sternbilder am Nordhimmel bekannt waren, bevor Kepler 1611 das astronomische Fernrohr erfand, zählten die Sumerer ganze 28 Konstellationen, dieselbe Anzahl wie die Astronomen der Neuzeit. Noch ist unbekannt, wie es den Priesterastronomen vor fast 6000 Jahren möglich war, alle Sternbilder des Nordhimmels zu kennen, zu gruppieren, zu benennen und zu katalogisieren. Doch ihre astronomischen Aufzeichnungen lassen keinen Zweifel daran aufkommen, daß sie dazu in der Lage gewesen sind.

Sie bezeichneten die Sterne als Mul (»in der Höhe Strahlender« bzw. »Himmelskörper«). Die Planeten, die sie im Unterschied dazu Lubad nannten, waren »die (von der Sonne) gehütete, wandernde Herde«. Das Sonnensystem hieß Mulmul (der alle Himmelskörper umfassende Himmelskörper) und bestand bei den Sumerern aus Sonne, Mond und zehn Planeten, von denen einer, wie es hieß, zerstört wurde. Seit der amerikanische Astronom Clyde Tombaugh im Jahre 1931 den Pluto entdeckte, wissen wir, daß unser Sonnensystem aus neun Planeten besteht. Hinzu kommt der mysteriöse Asteroidengürtel, der sich zwischen Mars und Jupiter erstreckt, und bei dem es sich nach der Überzeugung einer ganzen Reihe von Astronomen um die Überreste eines einstigen, längst zerstörten Planeten handelt. Der russische Astronom Professor S.V. Orlow taufte ihn 1950 auf den Namen »Phaethon«. Phaeton war in der griechischen Mythologie der Sohn des griechischen Sonnengottes Helios, der sich von seinem Vater den Sonnenwagen lieh und ihn, wie so viele übermütige Söhne, die sich die Wagen ihrer Väter ausliehen, zu Schrott fuhr. Die Pferde gingen ihm durch, und er stürzte schließlich in den Himmelsfluß Eridanus.

Ein 4000 Jahre altes akkadisches Rollsiegel zeigt das Sonnensystem, wie es die Sumerer kannten. Dieses heute in der Vorderasiatischen Abteilung des Berliner Pergamon-Museums unter der Inventar-Nummer VA/243 aufbewahrte Rollsiegel stellt eine Szene dar, die vielleicht eine der wichtigsten Phasen in der Menschheitsgeschichte widerspiegelt. Ein Hirte, eine Ziege auf dem Rücken, eine zweite am Boden, wird von einem Anunnaki vor einen ranghöheren Gott geführt. Diese Gottheit hält in den Händen einen Pflug, den er dem Hirten übergibt. Aus Hirten werden Bauern, aus Nomaden Seßhafte, aus Nomadenlagern Dörfer und Städte – die Geburt der Kultur. Doch was das Rollsiegel noch interessanter macht, sind die zehn kreisrunden Himmelskörper, die die über der Szene scheinende Sonne umgeben. Mag es Zufall sein oder nicht, Tatsache ist, daß sie, entgegen dem Uhrzeigersinn gelesen, in der richtigen Reihenfolge und im richtigen Größenverhältnis den Planeten unseres Sonnensystems entsprechen: Der kleine Merkur, etwa gleichgroß Venus und Erde, der kleine Mond, Mars, mächtig Saturn und Jupiter, gleichgroß Uranus und Neptun, schließlich, etwas außerhalb, der kleine Pluto, und, irgendwo zwischen Mars und Jupiter, der einstige, mächtige Phaethon, der Asteroidplanet.

Noch erstaunlicher als das Wissen um die neun und den zehnten, längst zerstörten Planeten aber sind die Namen, die die Sumerer ihnen gaben:

Sonne: APSU – »Jene, die von Anfang an
     existierte«
Merkur: MUM.MU – »Einer, der geboren wurde«
Venus: LA.HA.MI – »Herrin der Schlachten«
Erde: KI.GI – »Trockenes Land«
Mond: DUG.GA.E – »Lehmtopf«
Mars: LAH.MU – »Gott des Krieges« oder
     UTU.KA.GAB.A – »Licht an den Toren der Wasser«
Phaethon: TIA.MAT – »Die Leben gibt«
Jupiter: KI:SCHAR – »Größter des festen Landes«
Saturn: AN.SCHAR – »Größter des Himmels«
Uranus: EN.TI.MASCH.SIG – »Planet mit der Farbe
     des hellen grünlichen Lebens«
Neptun: HUM.BA – »Sumpflandvegetation«
Pluto: SCHU.PA – »Bewacher des Himmels«

Ki oder Gi, der Name für die Erde, setzte sich durch.
Die Griechen machten daraus »Gaia«, so lautete ihr
Name für die Erdgöttin. Noch heute finden wir ihn in
Begriffen wie Geo-graphie, Geo-metrie oder Geo-logie.
In der sumerischen Bilderschrift war das Symbol für
die Erde ein horizontales, von acht vertikalen Linien
durchkreuztes Oval, das unseren Meridianen ähnlich
ist. Damit müßte den Sumerern aber auch die Kugel-
gestalt der Erde bekannt gewesen sein, was wirklich
erstaunlich wäre. Ihr Wissen um die anderen Planeten
des Sonnensystems ist frappant. Jupiter ist tatsächlich
mit einem Durchmesser von 120 750 Kilometern der
größte Planet unseres Sonnensystems. Mit 120 000 Kilometern Durchmesser ist Saturn ein wenig kleiner.
Doch das Ringsystem des Saturn, sein »Himmel« hat
einen Durchmesser von 272 000 Kilometern. Daher ist
der sumerische Name für Jupiter, »Größter des festen
Landes«, ebenso zutreffend wie der des Saturn, des
»Größten des Himmels«.

Erst 1989 konnte auch das Geheimnis der Bezeichnungen für Uranus und Neptun endgültig gelüftet werden. Im August 1977 hatte die amerikanische Raumfahrtbehörde NASA von Cape Canaveral aus die Raumsonde »Voyager 2« gestartet, deren Aufgabe es ursprünglich war, die Jupiter- und Saturnmonde zu fotografieren. Durch einen Glücksfall waren die NASA-Ingenieure in der Lage, die Sonde auf ihrem Weg ins All auch an den Planeten Uranus und Neptun vorbeizuleiten. Als sie die ersten Bilder dieser grünlich-blau schimmernden fernen Welten zur Erde funkte, kamen die Wissenschaftler der »Jet Propulsion Laboratories« (JPL), der NASA-Bodenstation, aus dem Staunen nicht mehr heraus. Während man den Uranus bis dahin für einen Gasplaneten gehalten hatte, stand nun fest, daß er einen festen Kern und eine 9000 Meter tiefe Schicht aus superdichtem Wasserstoff und Ammoniak aufwies. Damit hatte sich die sumerische Beschreibung des »Planeten mit der Farbe des hellen, grünlichen Lebens« als zutreffend erwiesen. Am 24. August 1989 schließlich passierte die Sonde Neptun, sumerisch »Sumpflandvegetation«, ihre letzte Station in unserem Sonnensystem. Der Anblick des Planeten, der bis dahin in Astronomiebüchern nur als weißer Lichtpunkt abgebildet worden war, übertraf alle Erwartungen. Bald war das Wort vom »blauen Gott der Meere« in aller Munde. Während Uranus in einem hellen Grünlich-Blau schimmerte, leuchtete Neptun in dunklerem Blaugrün auf. Eine Farbe, die durch Wolken aus Methan-Eiskristallen entstand. Seit dieser Entdeckung weiß man, daß die Dichte von Neptun deutlich höher ist als die von Uranus. Er strahlt doppelt so viel Energie ab, wie er von der Sonne aufnimmt, ein Beweis für seinen heißen Kern. Seine Oberfläche setzt sich aus gasförmigem und transparentem Wasserstoff, Wasserdampfwolken, möglicherweise sogar Regentropfen zusammen. Könnte es für diese »Brühe« eine bessere Bezeichnung geben als das sumerische Wort »Sumpflandvegetation«? Zudem ist Methan, das Hauptelement der Neptun-Atmosphäre, auch als Sumpfgas bekannt! Schon aus der sumerischen Spätzeit stammende akkadische Texte beschreiben die beiden Planeten Uranus und Neptun als »kakkab Schanamma«, als Zwillingsplaneten, eine Charakterisierung, die heutigen Astronomen und NASA-Wissenschaftlern zufolge absolut zutreffend ist. So resümiert der Wissenschaftsjournalist Reiner Klingholz in seiner Arbeit »Marathon im All« über die Voyager-Entdeckungen: »Auf den ersten Blick sind Uranus und Neptun kosmische Zwillinge!« – Die Sumerer haben es gewußt! Woher?

»Von den Göttern«, sagten die Sumerer, den Anunnaki, »jenen, die vom Himmel auf die Erde kamen«, die den Menschen schufen und in den mächtigen Tempeltürmen residierten, wo sie die Priester, die zugleich die Professoren der sumerischen Hochschulen waren, in ihrem Wissen unterrichteten. So heißt es in einer Hymne auf den Gott Enki, der den Abzu von Eridu bewohnte:

>»Enki, Herr der Weisheit,
>geliebt von Anu, Schmuck von Eridu,
>der Befehle erteilt und Entscheidungen trifft,
>Experte in Fügungen des Schicksals: ... Du hast
>die Sterne des Himmels heruntergeholt,
>du hast ihre Anzahl berechnet.
>Du hast den Menschen einen Platz zu leben
>gegeben.
>Du hast Dich um sie gekümmert, sichergestellt,
>daß sie ihrem Hirten folgen, ...
>du läßt sie sicher in ihren Häusern wohnen.«

Die Anunnaki, diese Kenner der Sterne des Himmels, waren Besucher aus einer fernen Welt, behauptet der amerikanische Orientalist Zecharia Sitchin. Eine Theorie, die durchaus etwas Verlockendes an sich hat. Denn sie würde nicht nur den Ursprung des umfangreichen Wissens dieser ersten Zivilisation auf Erden erklären, sondern auch die äußerst physische Natur ihrer »Götter«, die auch der fleischlichen Vereinigung mit einer schönen Sterblichen nicht abgeneigt waren. Die exzellente Kenntnis der äußeren Planeten unseres Sonnensystems, die Bezeichnung der Erde als »siebter Planet« in sumerischen und akkadischen Planetlisten deuten darauf hin, daß sie tatsächlich von einer anderen Welt stammten.

Detailliert beschreiben die sumerischen Texte, wie die Anunnaki vom Himmel herabstiegen und die Erde kolonisierten. So berichtet Enki, der Bewohner des Abzu von Eridu, im *Mythos von Enki und der Ordnung des Landes*:

> *»Als ich mich der Erde näherte,*
> *war dort eine große Überflutung.*
> *Als ich mich ihren grünen Wiesen näherte,*
> *wurden auf meinen Befehl*
> *Haufen und Hügel aufgetürmt.*
> *Ich baute mein Haus an einem sauberen Ort.*
> *Mein Haus –*
> *sein Schatten erstreckte sich über den*
> *Schlangensumpf ...*
> *Der Karpfen wedelt darin mit dem Schwanz*
> *zwischen den kleinen Gräsern.«*

Der anonyme Erzähler fährt fort:

> *»Er bezeichnete das Sumpfland,*
> *setzte Karpfen und andere Fische hinein;*

er bezeichnete das Schilfdickicht,
setzte Röhricht und grüne Gräser hinein.
Enbilulu, dem Aufseher der Kanäle,
übertrug er die Verantwortung für die
Sumpfländer.
Ihm, der Netze so auswirft, daß kein Fisch
entkommen kann,
dessen Schlinge kein Vogel entkommt ...
übertrug Enki die Verantwortung für Fische und
Vögel.
Enkimdu, demjenigen der Gräben und
Deiche, ...
übertrug Enki die Verantwortung für Gräben
und Deiche.
Kulla, dem Ziegelmacher des Landes,
übertrug Enki die Verantwortung für Formen
und Ziegel.«

Nachdem das Land um die erste Kolonie, das »fern von der Heimat erbaute Haus« Eridu, so generalstabsmäßig urbar gemacht wurde, folgte die Gründung weiterer Kolonien. So berichten die sumerischen »Sintflut-Tafeln«:

»Die erste der Städte, Eridu, gab er Nuddimud,
dem Anführer;
die zweite, Badtibira, gab er Nugig.
Die dritte, Laraak, gab er Pabilsag.
Die vierte, Sippar, gab er dem Held Utu.
Die fünfte, Schuruppak, gab er Sus.«

Die Namen verraten etwas über die Nutzung der neuen Städte: Bad-Tibira, »der helle Ort«, war das Industriezentrum, in dem Erze verarbeitet wurden. Laarak, »den glänzenden Schein sehen«, hält Zecharia Sitchin für einen Orientierungspunkt, ein Leuchtfeuer zur

Orientierung einfliegender Raumschiffe der Kolonisatoren im Anflug auf die »Vogelstadt« Sippar, den Raumflughafen. Schuruppak, »der Ort des höchsten Wohlbefindens«, wurde ihr medizinisches Versorgungszentrum.

Nachdem Enki seine Tätigkeit erfolgreich abschließen konnte, beauftragte sein Vater Anu (»Der des Himmels«), eine Art Gottvater, dessen Name nur mit einem Stern-Symbol geschrieben wurde, Enkis Bruder Enlil mit der weiteren Durchführung der Erdenmission. Enlil, »Herr über das Wort«, gründete inmitten der bereits bestehenden Städte das Kontrollzentrum Nibruki, »Schnittpunkte auf Erden«, das heute auch Nippur genannt wird. Hier bestand das Duranki, das Band zwischen Himmel und Erde, auf der Plattform des Kiur, des »Ortes der Erdwurzeln«. Alte Texte beschreiben die Anlage als »hohen Pfeiler, der bis zum Himmel reichte«, und den Enki benutzte, um »sein Wort himmelwärts zu richten«. Der geheimnisvollste Ort von Nippur aber war die Zikkurat Enlils, sein Ekur (»erhabenes Haus«), in dem sich die Dirga, die »dunkle, kronenähnliche Kammer« befand. In ihr wurden die »Tafeln der Schöpfung«, die MEs, aufbewahrt:

> *»Geheimnisvoll wie die fernen Wasser,*
> *wie der Himmelszenit:*
> *Unter den ... Emblemen sind die Embleme der*
> *Sterne.*
> *Der ME ist vollkommen,*
> *seine Worte sind dazu da, gesprochen zu werden.*
> *Seine Worte sind huldvolle Orakel.«*

Hier, am Anfang aller Zeit, begegnen uns zum ersten Mal die flüsternden Steine, von den Sumerern ME genannt. Sie sind im Besitz der Götter, die sie eifersüchtig hüten, offenbar brauchen sie sie zur Kommunikation mit ihrer kosmischen Heimat, aber auch als Programme für ihre Mission, als Blaupausen für die Schöpfung. Daß solche Steuerungselemente und Kontrollfaktoren Teile einer regelrechten Schöpfungsstrategie sind, war feste Überzeugung der Sumerer. Wie es in einem ihrer uns überlieferten Texte heißt, glaubten sie an

> *»den ewigen Grundplan,*
> *der für die Zukunft den Bau bestimmt.*
> *Es ist derjenige,*
> *der die Zeichnungen aus alter Zeit*
> *und das Geschriebene des höchsten Himmels*
> *trägt.«*

Einigen Spekulationen zufolge wäre es möglich, daß die Anunnaki die Erde aufgesucht hatten, um für ihre Raumfahrt dringend benötigte Bodenschätze zu gewinnen. Darunter vor allem Gold (das Metall der Götter), das möglicherweise die bedrohte Atmosphäre ihrer Heimat in Form von Milliarden kleiner Partikel vor kosmischer Strahlung schützen sollte, – könnte die natürliche Ozonschicht dieser fernen Welt doch bereits zu diesem Zeitpunkt durch die Abgase ihrer Zivilisation zerstört worden sein. Eine Hypothese, die nicht unbedingt abgelehnt werden muß.

Aber die Anunnaki wußten auch, daß alles im Universum im Austausch geschieht, ein ewiges Geben und Nehmen im Gleichgewicht sein muß. Aus diesem Grund oblag ihnen auch eine humanitäre Mission, die sie mit dem Stichwort Akiti bezeichneten: »Bau des Lebens auf Erden«.

Im Anfang war der Stein

Es war in grauer Vorzeit, als sich die erste Revolution der Geschichte ereignete, in der man weder um die Freiheit einer Kolonie, noch um Gleichheit und Brüderlichkeit oder gar um die Diktatur der unteren Klassen kämpfte. Hier ging es schlichtweg um Steine, wenn auch um ganz besondere Steine, nämlich um die MEs – »die Tafeln des Schicksals«. Diese Revolution fand in fast allen großen Mythen der Menschheit ihren Nachhall. So ist den meisten die griechische Version vom Helden Prometheus bekannt, der den Göttern das Feuer stahl, um es den Menschen zu bringen, und dafür zur Strafe auf immer und ewig an die Felswände des Kaukasus geschmiedet wurde. Dort käme jeden Tag aufs neue ein Adler, so heißt es, der ihm mit dem spitzen Schnabel die Leber aus dem Leib reißt, die sich gleich danach auf wundersame Weise erneuert. Die Christen sind zudem mit dem in der Bibel stets nur angedeuteten Mythos vom Luzifer vertraut, der selbst Herr des Schicksals werden wollte und die Autorität Gottes untergrub. Er – einst der fünfte Erzengel – wurde deswegen gestürzt, auf die Erde verbannt, wo er fortan unter dem von Enki übernommenen Titel als »Herr der Welt« die Menschheit verführte, vom »Baum der Erkenntnis« zu kosten.

Bei den Griechen war das Wissen um die MEs längst in Vergessenheit geraten. So wurde aus dem geraubten Feuer eines, das als »Licht des Wissens« ebenso zum Symbol für den Schöpfungscode wurde wie die »Frucht vom Baum der Erkenntnis« aus der Bibel.

Doch im Anfang war das Wort. Und das Wort war im Stein, denn Gott selbst hatte ihn programmiert.

»Gott«, das war für die Sumerer Anu, der »Herr des Himmels«, dessen Symbol der Stern war, der Schöpfer und Meister der Schöpfung. Im Auftrag Anus kamen die Anunnaki auf die Erde, 900 an der Zahl:

> »Von Anu bestimmt, seine Anweisungen zu
> befolgen,
> setzte er [Enlil] dreihundert am Himmel als
> Wächter ein,
> vom Himmel aus die Wege der Erde zu
> ergründen;
> und auf der Erde ließ er sechshundert wohnen.
> Nachdem er den Anunnaki des Himmels und
> der Erde
> alle Anweisungen gegeben hatte,
> verteilte er die Ämter«,

heißt es in einem sumerischen Schöpfungsepos. Die »Anunnaki des Himmels« wurden auch Igigi genannt. »Jene, die beobachten und sehen« oder »jene, die sich drehen und sehen«. Kontrollierten sie ein Satellitennetz im Erdorbit, das mit der Dirga, der Bodenstation Enlils in Nibruki in ständigem Kontakt stand? Sie überwachten die Planung der »Mission: Erde«, die in ihrem Jargon »Projekt Akiti« hieß, »Bau des Lebens auf Erden«. Und sie speisten die MEs immer wieder mit neuen Informationen. Nach Noah Samuel Kramer sind die MEs »göttliche Gesetze, Regeln und Anweisungen, die, den sumerischen Philosophen zufolge, das Universum vom Tag seiner Schöpfung an lenken und erhalten«. Spezielle MEs »steuerten alle Belange des Menschen und seiner Kultur«.

Der amerikanische Forscher R.A. Boulay schreibt in *Flying Serpents and Dragons* über die MEs: »Manchmal werden sie als physische Objekte beschrieben, die man nehmen und tragen kann. Der Besitz des ME verlieh seinem Träger die absolute Kontrolle über einen bestimmten Aspekt des Lebens ... Im Mythos von »Enki und der Weltordnung« scheinen die MEs einen von Enki kommandierten »himmlischen Wagen« zu steuern ... Die MEs waren im Besitz von Enki und wurden schrittweise zum Wohle der Menschheit freigegeben. Die Hauptquelle über ihre Funktionsweise ist das Epos *Inanna und Enki,* in dem es heißt, daß die Zivilisation in 100 Elemente unterteilt wurde, von denen jedes ein ME brauchte, um zu funktionieren. In diesem Mythos werden rund 60 MEs erwähnt, z.B. für Königsherrschaft, Priesterdienst, Weisheit, Frieden, Prophetie, Richteramt, Kunst, Musikinstrumente, Waffen und die Zerstörung von Städten ... In der sumerischen Geschichte *Der Mythos von Zu* ist es Zu, der Diener Enlils, der in einer Palastrevolution versucht, Kontrolle über die Tafeln des Schicksals zu erlangen, die Enlil einmal unbeaufsichtigt ließ. Das gab ihm zumindest zeitweise Kontrolle über die Anunnaki und die Menschheit.«

ME ist ein Schlüsselbegriff in der sumerischen Mythologie und Kosmologie. Er ist vergleichbar mit der Rolle, die das »Wort« im Christentum spielt. Tatsächlich heißt »ME« genau übersetzt »Wort«. Doch für die Sumerer war dies keine abstrakte Beschreibung eines schwer definierbaren göttlichen Willens, sondern eine ganz konkrete, physische Realität. Die MEs waren Steine, »Tafeln der Schöpfung«, die man stehlen, verlieren und wiederfinden konnte, die zur Erde gebracht und versteckt wurden, die es zu hüten, zu bewahren und zu vererben galt. Die MEs waren zugleich Computerchips wie Kommunikationsmittel, göttliches Orakel und Mobiltelefon.

In der sumerischen Version des Luzifer-Mythos – der »Geschichte von Zu« – wird geschildert, wie die MEs zur Erde gelangten. Da leider nur Fragmente erhalten sind, mußten sie von Orientalisten in mühsamer, Jahrzehnte andauernder Kleinarbeit rekonstruiert werden. Doch der Anfang fehlte immer noch. Erst 1979 entdeckten die Archäologen W.W. Hallo und W.L. Moran in der babylonischen Sammlung der amerikanischen Yale Universität einen bis dahin nicht übersetzten Text, der sich als Einführung zum Zu-Epos erwies.

Zu war ein von Enlil mit der Bewachung des Ekur, seines »erhabenen Hauses« in Nibru-Ki (Nippur), in dem sich die mysteriöse Dirga-Kammer befand, beauftragter Anunnaki. Doch die Versuchung für Zu war zu groß, sah er doch Tag für Tag die Instrumente der Macht des »Gottes der Duranki«, »der Verbindung zwischen Himmel und Erde«. Gebannt starrte er auf die MEs; seine mit jedem Tag wachsende Gier ließ ihn einen hinterhältigen Plan schmieden:

> *»Ich werde mir die MEs, die göttlichen*
> *Schicksalstafeln nehmen,*
> *ich werde die Erlasse der Götter beherrschen!*
> *Ich werde meinen Thron festigen*
> *und zum Meister aller Normen,*
> *ich werde die Gesamtheit der Igigi*
> *kontrollieren.«*

Eines Tages, Enlil nahm gerade ein Bad, bot sich Zu die Gelegenheit, auf die er gewartet hatte:

> *»Er ergriff die Schicksalstafeln mit seinen*
> *Händen,*
> *nahm weg die Enlilschaft;*
> *aufgehoben waren die Normen.*

Als Zu davonflog auf seinen Berg,
war Vater Enlil, sein Meister, sprachlos.
Stille breitete sich aus, das Schweigen hielt an.
Das Heiligtum verlor seinen Glanz.
Die Götter waren erschüttert von dieser
Nachricht.
Anu öffnete seinen Mund und sprach
und sagte zu den Göttern, seinen Söhnen:
›Wer wird Zu erschlagen
und seinen Namen zum größten in den
Siedlungen machen?‹«

Doch keiner von Anus Söhnen nahm die Herausforderung an, bis auf Ninurta, den Erben Enlils. Gepriesen von seinem Großvater Anu und, wie jeder Sohn, der in den Krieg zieht, von seiner Mutter Mami mit guten Ratschlägen versorgt, machte sich der junge Gott auf den Weg zum Bergversteck des Zu. Dort gelang es ihm, den ME-Räuber zu stellen – und in einem heftigen Zweikampf, der fortan auf unzähligen Reliefs und Rollsiegeln dargestellt wurde, vernichtend zu schlagen. Nachdem er Zu die Kehle durchgeschnitten hatte, brachte er die Schicksalstafeln zurück nach Nippur. Die alte Ordnung war, zumindest vorerst, wieder hergestellt.

Werfen wir einen Blick auf die Information, die uns das Epos *Enki und Inanna* über die MEs gibt. Zu Anfang, so heißt es, konnte sich Enki rühmen, im Besitz der MEs zu sein, die ihm sein Bruder Enlil anvertraute und die vom Ekur, dem »erhabenen Haus« des Gottes in Nippur mit seiner mysteriösen Dirga-Kammer, wieder nach Eridu gebracht wurden:

> *»Mein großer Bruder, Beherrscher aller Länder,*
> *brachte alle MEs zusammen, legte die MEs in*
> *meine Hände. Vom Ekur, dem Haus Enlils,*

brachte ich die Künste und Fertigkeiten in
meinen Abzu in Eridu.«

Daraufhin rühmten ihn die Anunnaki, fährt das Epos
fort.

> *»Herr, der die großen MEs kontrolliert,*
> *die reinen MEs,*
> *der die großen MEs bewacht und kontrolliert,*
> *die zahlreichen MEs,*
> *der der Erste überall oben und unten ist,*
> *in Eridu, dem reinen, kostbaren Ort,*
> *wohin die edlen MEs gebracht wurden …«*

Dann erhielt der »Herr der Erde« Besuch von der jungen und verführerisch schönen Göttin Inanna, seiner
Großnichte:

> *»In jenen Tagen betrat die junge Inanna Enkis*
> *Abzu in Eridu: Die heilige Inanna ganz allein.*
> *In jenen Tagen wußte dies der Eine von großer*
> *Weisheit,*
> *der die MEs des Himmels und der Erde kennt,*
> *der von seinem Wohnort aus das Herz der Götter*
> *kennt,*
> *daß Inanna zu seinem Tempel in Eridu kam.«*

Was folgt ist eine ausführliche Beschreibung des weiteren Tête-à-tête unter Göttern. Enki bereitete ein Bad
aus kühlendem Wasser für die schöne Besucherin, bot
ihr erst Butterkuchen, dann Bier an, – Tee und Kaffee
waren damals noch nicht »erfunden«. Zwar betont der
Autor des Textes, daß alles nur ein freundlicher Empfang unter Götter-Kollegen war – wörtlich heißt es:
»Er behandelte sie wie einen Freund, handelte wie ein
Kollege« –, doch zwischen den Zeilen gelesen bahnte
sich wohl mehr an. Denn auf das Bier folgte eine Run-

de Wein, floß der »kuh lu« (sumerisch für Alkohol) in Strömen:

»Enki und Inanna, die beiden zusammen,
tranken Bier im Abzu, genossen den Wein,
ließen die Bronzegefäße überfließen ...«,

und irgendwann erlag der stark angetrunkene Enki den verführerischen Reizen dieser vorsintflutlichen Lolita. Es bleibt bei diesen Andeutungen und der Chronist – offenbar ein Anhänger Enkis, der größere Peinlichkeiten besser verschweigt – enthält sich weiterer Details. Wir mögen uns an die junge Salome erinnern, die ihren Stiefvater Herodes Antipas durch einen Tanz voll prickelnder Erotik so weit in den Wahnsinn trieb, daß er bereit war, ihr jeden Wunsch zu erfüllen, damit sie nur nicht aufhöre; sie verlangte den Kopf von Johannes dem Täufer, auf einem silbernen Tablett serviert.

Auch die zauberhafte Inanna verstand die Kunst, Männer zu betören. Als sie Enki endlich so betört hatte, wie sie es haben wollte, vertraute sie ihrem Großonkel ihr eigentliches Anliegen, den Grund ihres Besuches an. Sie wollte diese MEs besitzen. Und Enki, in jener Mischung aus Großzügigkeit und Leichtfertigkeit, die nur ein Mann versteht, der selbst einmal verliebt war, konnte nicht anders, als sie ihr zu geben.

»Im Namen meiner Macht, im Namen meines Abzus«, grölte der alte Lustmolch, »ich übergebe der heiligen Inanna, meiner Tochter« [die sie natürlich nicht war], »die MEs, ohne daß jemand Einspruch erheben darf ...«, und zählte, Stück für Stück, 94 MEs auf, in denen die verschiedensten Bausteine der Zivilisation einprogrammiert waren, darunter die »Gottheit, die edle Krone, der Thron des Königtums ... das edle Szepter ... Hirtentum ... Wahrheit ... Abstieg in die Unterwelt, Aufstieg aus der Unterwelt ... den

Dolch und das Schwert ... das schwarze Gewand, das farbige Gewand ...«; Frivoles wie »die Arbeit« des Penis, das Küssen des Penis, die Kunst der Prostitution, die Kunst des Beschleunigens ... die Tempel-Prostitution, die heilige Taverne«; Künste wie »die direkte Rede«, die verleumderische Rede, die blütenreiche Rede ... die Kunst des Liedes«, aber auch »Ältestentum ... Heldentum, die Kunst, groß zu sein, die Kunst der Verbreitung, die Kunst, direkt zu sein, das Plündern von Städten, das Klagen, die Freude des Herzens ... Täuschung, Rebellion, Freundlichkeit, Reisen, den sicheren Wohnort« und praktische Dinge wie »das Handwerk des Zimmermanns, des Kupferarbeiters, des Schreibers, des Schmiedes, des Lederwerkers, des Abfüllers, des Baumeisters, des Schilfarbeiters, das Hinhören, die Aufmerksamkeit, die heiligen Reinigungsrituale, das Erhitzen heißer Kohlen, Furcht, Unbehagen ... der Umgang mit Feuer ... die Versammlung der Familie, Fortpflanzung ... Triumph, Rat, Urteilsfällen, Entscheidungen fällen ...« und so weiter, und so fort. Und Inanna raffte sie an sich:

>»Die heilige Inanna nahm all die MEs
und lud sie in ihr Himmelsboot
und setzte ihr Himmelsboot in Bewegung.«*

Als Enki wieder nüchtern war, folgte der Katzenjammer. Mit schwerem Kopf rief er nach seinem Kämmerer Isimud, woraufhin sich dieser – glücklicherweise überlieferte – Dialog entwickelte:

>»Enki: ›Mein Kämmerer Isimud, beim süßen
Namen Anus!‹
Isimud: ›Mein König Enki, stets zu Euren
Diensten. Sagt mir, was ihr wünscht.‹*

34

*Enki: ›Herrschaft, Königtum, Gottheit, die edle
Krone, der Thron des Königtums, wo sind sie?‹
Isimud: ›Mein König hat sie seiner »Tochter«
gegeben.‹«*

Enki tobte vor Wut über seine eigene Dummheit. Vergeblich versuchte er noch, die Schicksalstafeln zurückzuholen, doch dafür war es längst zu spät. Weder die 50 »Jahama-Ungeheuer« noch die »Bewacher von Erech«, die er Inanna nachjagen ließ, konnten deren Himmelsboot anhalten. Sicher landete sie in ihrer Stadt Erech (Uruk), wo sie von ihrem Volk und ihren Priestern euphorisch begrüßt wurde. Fortan war Uruk die führende Stadt Sumers.

Inanna gönnte sich daraufhin ein wenig Erholung. Sie setzte sich ihren turbanartigen Kopfschmuck auf, die »Krone der Steppe« und ging in die Wildnis, um sich einen gutaussehenden Schäfer zu suchen. Als sie einen solchen fand, so heißt es weiter, genoß sie die Freuden der Liebe. Schließlich, im Augenblick der höchsten Lust, brach es aus ihr heraus, und sie sang ein Lied auf sich selbst und ihre Raffinesse, gefolgt von einem ziemlich scheinheiligen Gebet für Enki, dem sie alles genommen hatte.

Wer die MEs besaß, hatte die Macht.

Das wußte auch Baal (»Herr«), der Gott der Kanaaniter, ein Sohn des Himmelsgottes El, der wahrscheinlich mit dem Enlil der Sumerer identisch ist. Ihm fielen als Herrschaftsgebiet die »Höhen von Zaphon« zu, die Zedernberge, der heutige Libanon. Die Zeiten hatten sich geändert, mittlerweile war die zweite Generation der Götter an der Macht. Es war die Zeit nach der Sintflut, die Erde wurde neu geordnet. Für die Sumerer und alle anderen Völker des Nahen Ostens, die das Erbe ihrer Kultur antraten, war die

Sintflut das einschneidende Ereignis in der Frühgeschichte der Menschheit. Sie ist fester Bestandteil der sumerischen Königslisten, Thema zahlreicher Mythen und Berichte, und auch ein so aufgeklärter und gebildeter König wie der Assyrer Assurbanipal rühmte sich, »die rätselhaften, in Stein gemeißelten Worte aus den Tagen vor der Flut« lesen zu können. Dabei ist durchaus möglich, daß diese Berichte, die ihren Niederschlag auch im Buch Genesis der Bibel gefunden haben, auf einem realen Ereignis, einer Naturkatastrophe von weltweitem Ausmaß, beruht.

Die Ausgrabungsstätte glich einer riesigen Baustelle, und längst verdeckten Schuttberge den Reisenden der Bagdadbahn die Sicht, die bislang staunend die Freilegung ihrer Vergangenheit verfolgen konnten. Mit dem Herannahen des Sommers 1929 neigte sich die sechste Grabungskampagne des englischen Archäologen Leonard Wooley dem Ende zu, und das nicht, ohne ihre Spuren zu hinterlassen. Dabei war der Brite weit zu den Anfängen vorgedrungen, bis hin zu Königsgräbern aus der Zeit um 2800 v. Chr., in denen er jenen prachtvollen Goldschmuck fand, der heute von Millionen Besuchern im Britischen Museum von London andächtig bestaunt wird. Die von ihm ausgegrabene Stadt trug nicht umsonst einen Namen, der bis auf den heutigen Tag zum Inbegriff des Alten geworden ist, nämlich Ur. Dieses »Ur in Chaldäa« war die Stadt Abrahams, die Heimat des Urvaters aller monotheistischen Religionen auf Erden, des Judentums, des Christentums und des Islams.

Je tiefer Wooley seine Schächte aushob, je weiter er zum Ursprung der Königsstadt vorstieß – es war dennoch kein Ende abzusehen, und das ließ dem Briten keine Ruhe. Selbst als er die Fundamente des 4800jährigen Grabes abtragen ließ, fand er darunter noch die Schuttschicht einer weiteren Siedlungsperiode, wie eine Zwiebelschale über der andern hüllten sie den Hügel Ur ein. Wooley fragte sich, bis zu welcher Tiefe diese stummen Zeitzeugen wohl hinabführen mochten, wann auf jungfräulichem Boden eine allererste Siedlung entstanden war? Verbrannte Holzasche breitete sich um einen Haufen von Tontafeln aus, deren Schriftzeichen eine andere, ältere Version der sumerischen Bilderschrift zeigten als die von ihm zuvor gefundenen. Allem Anschein nach stammten sie aus dem 31. Jahrhundert v. Chr. und übertrafen damit die ältesten Zeugnisse der ägyptischen Kultur um drei Jahrhunderte.

Immer tiefer führten die Schächte hinab, immer neue Schichten kamen ans Licht. Wieder und wieder zeugten Tonscherben von neuen Siedlungsperioden, die jedoch auffallend wenig Veränderungen zeigten. In der Schrift hatte zwar ein Wechsel stattgefunden, eine Vereinfachung, nicht aber in der Keramik. Über Jahrhunderte hat sich die Kultur der Sumerer merkwürdigerweise kaum gewandelt. Es war sehr früh zu einer sehr hohen Entwicklungsstufe gekommen, doch darauf folgte kein Fortschritt, sondern Zerfall, Dekadenz, die sich aber in Grenzen hielt. Schließlich hatte es bei den Ausgrabungsarbeiten den Anschein, als sei der Grund erreicht. Die Arbeiter stießen auf eine breite Lehmschicht. Doch Lehm konnte nur von einer Flut stammen. Aber für eine Überflutung durch den Euphrat war der Hügel viel zu hoch gelegen. Als erfahrener Archäologe wußte Wooley, daß die Klärung dieser Frage äußerst wichtig war.

Je weiter die Arbeiter in die Lehmschicht vordrangen, um so mysteriöser mutete sie an. War sie doch nicht einen oder zwei Meter dick, sondern über drei Meter, das hieß: viel zu stark, um von einer lokalen Flutkatastrophe stammen zu können. Als sie über diese Lehmschicht hinausgegraben hatten, war das, was sich Wooley und seinen Männern darbot, atemberaubend. Statt reiner, unberührter Erdboden, mit dem sie gerechnet hatten, stießen sie auf Schutt, Scherben, die Zeugen einer menschlichen Ansiedlung. Doch diese Reste unterschieden sich grundsätzlich von der sumerischen Keramik. So waren die Tonkrüge grob, mit der Hand geformt, nicht auf der Töpferscheibe, wie die oberhalb der Lehmschicht ausgegrabenen Tongefäße. Nirgends fanden sich Metallreste, aber statt dessen wurden aus gehauenem Feuerstein angefertigte Pfeilspitzen und Werkzeuge aus der Erde gesiebt. Hinterlassenschaften der Steinzeit!

Als Wooley an diesem Abend sein Zelt aufsuchte, griff er nach einem Buch, das er stets mit sich führte: die Bibel, in der auch »Ur in Chaldäa« erwähnt wird, womit die Erinnerung an die Königsstadt der Sumerer für alle Zeiten erhalten blieb. Er blätterte, bis er das siebente Kapitel im 1. Buch Mose gefunden hatte. Das Buch Genesis. Dort steht geschrieben: »Es war im sechshundertsten Lebensjahr Noahs, im zweiten Monat, am siebzehnten Tag des Monats: An diesem Tag brachen alle Quellen der großen Urflut auf, und die Fenster des Himmels öffneten sich. Und es ergoß sich ein Regen auf die Erde vierzig Tage und vierzig Nächte lang. An eben diesem Tag gingen Noah, Sem, Ham und Japhet, seine Söhne, seine Frau und die drei Frauen seiner Söhne mit ihm hinein in die Arche … Die Flut ergoß sich über die Erde vierzig Tage lang; die Wasser wuchsen an, sie hoben die Arche, und diese stieg von der Erde empor. Die Wasser schwollen an und mehrten sich gewaltig auf der Erde; die Arche aber fuhr auf den Wassern dahin. Und die Wasser nahmen immer mehr zu; alle hohen Berge unter dem ganzen Himmel wurden bedeckt. Fünfzehn Ellen darüber stieg das Wasser; so wurden die Berge bedeckt ...«

Als der Morgen dämmerte, stand Leonard Wooley schon früh auf. Er wußte, was er zu tun hatte. Sein Ziel war die nächste Telegraphenstation. Von dort schickte er die Nachricht nach England, die schon am nächsten Tag um die Welt gehen und für Schlagzeilen sorgen sollte:

»Wir haben die Sintflut entdeckt!«

Diese Katastrophe, deren Spuren von Wooleys Leuten freigelegt wurden, muß sich um 4000 v. Chr. ereignet haben, also vor rund 6000 Jahren. Dabei konnte bis heute nicht geklärt werden, welchen Ursprung diese Katastrophe hatte, ob ihr eine Reihe lokaler Flutkatastrophen zugrunde lag, ein globales Geschehen oder ein Naturereignis in einer ganz anderen Region. Denn Sintflutsagen gibt es rund um den Globus. Bei den südamerikanischen Indianern ebenso wie im alten Japan, bei den Indern oder Germanen, bei afrikanischen Stämmen und den Eskimos.

Wooley wußte, daß George Smith, ein Mitarbeiter des Britischen Museums, bereits 1876 auf einer der von Layard gefundenen Keilschrifttafeln aus der Bibliothek des Assurbanipal in Niniveh einen sumerischen Sintfluttext entdeckt hatte, in dem es hieß:

»Alle fruchtbaren Stürme kamen zusammen,
die Sintflut, die vernichtende, raste mit ihnen.
Als sieben Tage, sieben Nächte
die Sturmflut im Lande gerast hatte,
die gewaltige Arche auf dem großen Wasser
schwankte,
kam der Sonnengott hervor, Himmel und Erde
erleuchtend.
Ziusudra öffnete eine Luke der gewaltigen Arche.

Das Licht des Helden Utu trat ein in die
gewaltige Arche.
Ziusudra, der König,
warf sich nieder vor Utu,
einen Ochsen schlachtete der König,
Schlachtopfer brachte er dar.«

Ziusudra, der in akkadischen Texten auch Utana-
pisthim genannt wurde, war der Noah der Sumerer.
Der König der Stadt Schurrupak wurde von Enki vor
der Katastrophe gewarnt und angewiesen, eine Arche
zu bauen. Denn bei den Sumerern war die Sintflut
nicht das Strafgericht des einen Gottes, sondern das
Werk eines Gottes, Enlils, der damit gegen das für ihn
zu rasche Anwachsen der Menschheit vorgehen wollte. Enki, sein Bruder und, wie mancher Bruder, auch
sein Rivale, hatte Mitleid, und setzte sich für die
Rettung der Menschen ein. So war Ziusudra/Utana-
pisthim noch in der Lage, »den Samen alles Leben-
digen« an Bord zu schaffen, bevor die Katastrophe
hereinbrach.

Wooleys Fund könnte, muß aber nicht mit der Sint-
flutkatastrophe im Zusammenhang stehen, da es für
eine wirklich weitläufige Überflutung von Stätten in
Mesopotamien keine Bestätigung gibt. Doch was auch
immer sich in Wirklichkeit zugetragen haben mag,
und was die Ursache der Katastrophe war, Wooleys
Entdeckung beweist jedenfalls, daß die Legende der
großen Flut einen wahren Kern birgt, wie es bei vielen
Mythen der Fall ist. Für die menschliche Zivilisation
bedeutete sie einen Einschnitt. Vorher war auch Sumer noch auf der Entwicklungsstufe der Steinzeit. Wie
aus den Funden ersichtlich ist, entstand danach, wie
aus dem Nichts, eine blühende Kultur. So heißt es in
den sumerischen Königschroniken wörtlich: »Nach

der Sintflut stieg das Königtum vom Himmel herab.« Die archäologischen Funde sind die Bestätigung.

Nach der Sintflut erfolgte eine Neuordnung der Welt, eine Neuverteilung des Landes unter den Göttern. Die Erde wurde in vier Gebiete aufgeteilt, und Edin, das »Land der Gerechten«, bisher Kolonie der Götter, wurde nun mit Menschen bevölkert, Trägern einer blühenden Zivilisation, ebenso wie Ägypten und das Indus-Tal. Aber das vierte Gebiet, der noch heute als »das Heilige Land« bekannte Streifen von der Sinai-Halbinsel bis zum Libanon, blieb den Göttern vorbehalten. Dort, in den Zedernbergen des Libanons, entstand der neue »Raumflughafen«. Von ihm legen die Ruinen der alten Stadt Baalbek bis zum heutigen Tag Zeugnis ab.

Baalbek – in seinen Mauern birgt es das achte Weltwunder, ein Bauwerk, das es durchaus mit den Pyramiden oder dem Leuchtturm von Alexandria, dem Koloß von Rhodos, den Hängenden Gärten der Semiramis, dem Turmbau zu Babel, dem Zeus von Olympia oder dem Grabmal des Königs Mausolos aufnehmen kann, nämlich die mächtigste, eindrucksvollste Tempelplattform der antiken Welt. Sie besteht aus gewaltigen, bis zu 1000 Tonnen schweren Monolithen, von denen die größten jeweils 20 Meter lang, vier Meter hoch und drei Meter breit sind. Wenn sie auch die Ruinen eines Tempels aus römischer Zeit tragen, ist der Kern der Anlage wesentlich älter. Niemand weiß, von wem und auf welche Art und Weise diese riesigen Quader bewegt wurden. Selbst auf einer Informationsbroschüre des libanesischen Fremdenverkehrsministeriums wird eingeräumt: »Vor dem Transport der gewaltigen Saturn V-Rakete waren diese Steinquader das Schwerste, was Menschen je fortbewegen mußten. Aber jeglicher Hinweis auf einen Transportweg zwischen dem Steinbruch und dem Tempelgelände fehlt. Es ist bis heute ein Rätsel, auf welche Weise die Monolithen dorthin befördert wurden.«

Unweit der eindrucksvollen Anlage von Baalbek bietet sich dem Besucher ein noch weit größeres Rätsel: der »Hadjar el Gouble« – der schräg in der Erde steckende »Stein des Südens«, 23 Meter lang, fünf Meter hoch und vier Meter breit. Es ist der größte monolithische Quader, der je abgebaut wurde. Nach Expertenschätzung liegt sein Gewicht zwischen 1200 und 2000 Tonnen. Bis zum heutigen Tag ist kein Kran der Welt in der Lage, ihn von der Stelle zu bewegen bzw. zu heben. Trotzdem liegt er da, als sei er beim Terrassenbau von Baalbek nicht mehr benötigt worden. Und es gibt auch nicht den geringsten Hinweis, wie er je dorthin gekommen sein könnte.

Unter der Tempelplattform von Baalbek erstreckt sich ein ausgedehntes System unterirdischer Gänge und Tunnel, die das erste Mal Ende des 19. Jahrhunderts von den deutschen Archäologen Georg Ebers und Hermann Guthe untersucht wurden. In ihrem Buch *Palästina in Bild und Wort* schreiben sie: »Die Araber betreten die Ruinen an der südöstlichen Ecke durch einen langen, gewölbten Gang, der wie ein Eisenbahntunnel unter der großen Plattform verläuft. Zwei Gänge erstrecken sich parallel von Osten nach Westen und sind mit einem dritten verbunden, der sie von Norden nach Süden im rechten Winkel kreuzt.« Beleuchtet wird das Tunnelsystem durch »merkwürdig geflochtene Fenster«, die einen »gespenstischen grünen Lichtschein« verbreiten.

»Ich bin überzeugt, daß diese gewaltige Felsplattform, die Archäologen und Geologen seit langem Rätsel aufgibt, von intelligenten Wesen als Startplatz für Raumschiffe errichtet worden ist«, schrieb 1962 der sowjetische Physiker M. Agrest in der renommierten Zeitung *Literaturnaja Gazeta*. Sie wurde, wie es in den kanaanitischen Mythen heißt, von Enlil/El-Sohn Baal auf dem »Felsengipfel im Norden« errichtet, um als Raumflughafen der Götter zu dienen. Hier wurde, um die Kommunikation zu ermöglichen, ein ME oder »strahlender Stein« verwahrt. Das Versteck des Steins, so der Mythos, befand sich »in meiner Höhle auf dem hohen Zaphon«, in der »fernen Grube der Söhne der Götter«. Von dieser heißt es: »Zwei Öffnungen hat sie unter dem Auge der Erde und drei breite, unterirdische Gänge«, was stark an die Entdeckung der deutschen Archäologen erinnert.

Dort, an diesem Ort, war er sicher, bis ein weiterer Gott, sein Widersacher Mot, den Stein begehrte. Baal, so wußte er, würde mit Hilfe des ME »eine Lippe an die Erde und eine Lippe an den Himmel setzen, um sein Wort zu den Planeten zu erstrecken«. Daher verlangte Mot das Recht, die Vorgänge im (sic!) Gipfel von Zaphon zu besichtigen. Zuerst bemühte sich Baal, den Gegner zu beschwichtigen, schickte Gesandte mit Friedensangeboten. Dann aber wurde ihm das Drängen des Rivalen zu bunt, und er machte sich auf, persönlich hinabzusteigen in Mots unterirdisches Reich. Sein Ziel war, Mot zu stürzen, doch er wußte, daß er dazu allein nicht in der Lage war. So weihte er den Gott Anat in seine Pläne ein, sandte ihm zwei Boten, die ihm die folgende Botschaft überbrachten:

> *Ich habe dir ein geheimes Wort zu sagen,*
> *eine Botschaft dir zuzuflüstern;*
> *Es ist ein Ding, das Worte entsendet,*
> *ein Stein, der flüstert.*
> *Die Menschen werden seine Botschaften nicht*
> *wissen,*

die Massen auf Erden sie nicht verstehen ...
Himmel und Erde läßt er miteinander sprechen,
und die Meere mit den Planeten.
Es ist ein strahlender Stein,
dem Himmel noch nicht bekannt.
Du und ich werden ihn errichten,
in meiner Höhle auf dem hohen Zaphon.«

Auf diese Weise gelockt, erklärte sich Anat bereit, Baal zu unterstützen. Doch ehe die Boten ihrem Herrn diese gute Nachricht überbringen konnten, hatte sich dieser schon selbst aufgemacht, Mot herausgefordert – und war im Zweikampf gefallen. Als die Getreuen davon erfuhren, gerieten sie in rasende Wut, und »zerspalteten Mot mit dem Schwert«. Dann brachten sie den Leib ihres Herrn nach Baalbeck zurück. Sie riefen nach der Riesin Schepesch, der »Herrin der Rephaim«, die als Heilerin bekannt war. Und ihr gelang es, den Gott von den Toten auferstehen zu lassen.

Für die Araber ist der von ihnen als »Dar-as-saadi« bezeichnete Tempel von Baalbek – das »Haus der höchsten Seligkeit« – das älteste Gebäude der Welt. Es heißt, Adam selbst habe seinem Gott einen Tempel errichtet, als er sich nach der Vertreibung aus dem Paradies in der Nähe von Damaskus ansiedelte. Da Damaskus von Adam gegründet worden sein soll, erhebt es den Anspruch, die älteste Stadt der Welt zu sein. Die syrischen Christen behaupten wiederum, Baalbek ginge auf Adams Sohn Kain zurück, der »die Stadt im Jahre 133 der Schöpfung in einem Anfall von Wahnsinn erbaute«, wie der Patriarch Johannes Maro im 7. Jahrhundert schrieb. »Er gab ihr den Namen seines Sohnes Hennoch und bevölkerte sie mit Riesen, die für ihre Frevelhaftigkeit mit der Sintflut bestraft wurden.« Damit bezog sich der Gründer der christlichen Sekte der

Maromiten – Maro – eindeutig auf das sechste Kapitel des Buches Genesis, das von den »Gottessöhnen« spricht, die mit Erdentöchtern »Riesen« zeugten. Dabei ist der hebräische Name »Nefilin« für diese »Riesen« vielsagend. Denn die Wurzel dieses Wortes »n-f-l« hat die Bedeutung von »niedergehen, fallen, herabsteigen«, und damit war »Nefilin« bzw. die »Herabgestiegenen« offenbar nur ein anderes Wort für die »Anunnaki«, für »Jene, die vom Himmel(herab) zur Erde kamen«. Dagegen klingt ihre andere, biblische Bezeichnung »Anakim« wie eine Verballhornung des sumerischen Namens.

Nach der Sintflut habe der biblische Nimrod die Festung wieder aufgebaut, da er »den Himmel zu erweichen trachtete«, berichtet Patriach Maro weiterhin. Nimrod war der Bibel zufolge »ein großer Jäger vor dem Herrn« und »der erste Gewaltherrscher auf Erden«. »Der Anfang seiner Königsherrschaft war Babel, Erech (Uruk), Akkad und Kalne im Lande Sinear. Von hier aus zog er nach Assur und erbaute Ninive, Rechobot-Ir und Kelach sowie Resen zwischen Ninive und Kelach, die sogenannte große Stadt.« (Gen. 10, 8-10) Unter seiner Herrschaft oder kurz darauf, so heißt es, ereignete sich der Turmbau zu Babel: »Dann riefen (die Menschen): »Auf! Laßt uns eine Stadt und einen Turm bauen, dessen Spitze bis an den Himmel reicht!« (Gen. 11,4) Das könnte sich durchaus auf den Bau der mächtigen Zikkurate beziehen, wenn es nicht gleich darauf heißen würde, daß dieses Unternehmen auf den Zorn Gottes stieß. Warum, wenn ihm nur ein Tempel gebaut werden sollte? Spiegelt sich in der Geschichte vielleicht ein anderes Ereignis wieder, ein Vorfall, der mit dem Raumflughafen Baalbek in Verbindung stand und damit, daß die Menschen versuchten, den Himmel zu erreichen?

Heute glaubt eine ganze Reihe von Forschern und Historikern, daß sich hinter dem biblischen Nimrod eine historische Gestalt verbirgt: Sargon von Akkad (2334–2279 v. Chr.), der eigentlich »Scharru-Kin« (»Der rechtschaffende Herrscher«) hieß und der erste Gründer eines Imperiums und Eroberer von Städten war. Seinen raschen Aufstieg verdankte er einem Techtelmechtel mit der lebenslustigen Inanna, die den gutgebauten Gärtner bei einer ihrer Touren durch das Zweistromland entdeckte. »Als ich ein Gärtner war, schenkte Ishtar mir ihre Liebe, und für vierundzwanzig Jahre übte ich die Königsherrschaft aus«, ist in einer Inschrift zu lesen. In einer späteren Dichtung behauptete er, ganz Macho, daß er sie und nicht sie ihn entdeckt hätte:

> »*Eines Tages kam meine Königin,*
> *nachdem sie den Himmel und die Erde über-*
> *quert hatte,*
> *Inanna.*
> *Nachdem sie den Himmel und die Erde*
> *überquert hatte,*
> *nachdem sie Elam und Shubur überquert hatte.*
> *Die Göttin kam müde, legte sich schlafen.*
> *Ich sah sie vom Rande meines Gartens aus;*
> *ich küßte sie, wohnte ihr bei.*«

Wie auch immer, er konnte sich fortan ihrer Unterstützung sicher sein. Sein aus 600 000 Soldaten bestehendes Heer, die erste Berufsarmee der Geschichte, eroberte angefangen mit Erek (Uruk) einen sumerischen Stadtstaat nach dem anderen. Dann zog er nach Norden und Westen, bis an den Rand des Libanon, nur das »Land der Götter« verschonte er. Seine Hauptstadt Akkad oder Agade – ihr Name bedeutet »die Vereinigte« – wurde durch ihn zur »schönsten und glanzvollsten Stadt der vier Weltgegenden«, in deren Schatzkammern sich die Reichtümer der eroberten und geplünderten Städte häuften. In ihrem Zentrum stand der prachtvolle Ishtar-Tempel, »das neue Heim der Götter«.

Sargons Enkel Naram-Sin (2254–2218 v. Chr.) trieb es noch schlimmer: Er erklärte sich selbst zum Gott. Er ließ sich die Hörner-Krone der Anunnaki aufsetzen und schmückte seinen Namen mit dem Stern, dem Symbol der Götter. Er nannte sich »König der vier Weltgegenden«, »Eroberer von Arman und Ebla« und zog gen Nordwesten, wie sein Großvater. Doch der Respekt vor den Göttern, den Sargon noch hatte, fehlte Naram-Sin. Im Gegenteil, ihn gelüstete es nach ihrer Macht. So machte er vor dem »Land der Götter« nicht halt, sondern drang in den heutigen Libanon ein, marschierte gen Baalbek. Denn dort befand sich das neue Ekur, das »Berghaus des Enlil im Land der Zedern und Zypressen«, in dem jetzt die MEs verwahrt wurden.

Nach langen Kämpfen erreichte Naram-Sin sein Ziel. Den Chroniken zufolge war er anfangs mit 180 000 Soldaten angerückt, hatte dann weitere 120 000 und schließlich noch einmal 60 000 Soldaten nachkommen lassen, um schließlich mit 360 000 Mann die Bergfestung von Baalbek zu nehmen:

»Wie ein Bandit, der eine Stadt plündert,
errichtete er große Leitern gegen das Haus,
um zu zerstören das Ekur wie ein großes Schiff ...
so berannte er das Haus auf dem Berg,
wo Zedern gefällt werden.
Die Menschen sahen sein Inneres, das Haus,
das kein Licht kannte.
Die Akkader sahen die heiligen Gefährten der
Götter.

Ihre große Lamaha [wörtlich: »Das leuchtende Schiff mit dem sprechenden Mund«] und ihre Dubla [wörtlich: »Verbindung, Querstreben«], die aufrecht stand im Haus.«

Als französische Archäologen in den Ruinen der alten Perserstadt Susa gruben, waren sie erstaunt, dort eine Stele mit einer eindeutig akkadischen Inschrift zu finden. Daraus war zu entnehmen, daß sie aus der Stadt Sippar stammte, wo sie die Perser erbeutet hatten. Heute befindet sich diese von Naram-Sin in Baalbek nach seinem Sieg errichtete Stele in der orientalischen Abteilung des Pariser Louvre. Sie zeigt den siegreichen König mit Götterkrone vor einem kosmischen Objekt, das an eine Mini-Rakete erinnert, darüber zwei »Sterne«. »Die Götter flohen wie aufgescheuchte Fledermäuse«, spottete er später. Doch diese ließen sich nicht verspotten. Sie beschlossen vielmehr, dem Treiben ein Ende zu bereiten. Und so vernichteten sie Akkad, »ebneten es bis auf den Boden ein«, so gründlich, daß seine Ruinen bis zum heutigen Tag nicht aufgefunden werden konnten.

Ein ME in den Händen des Tyrannen hieße, das Schicksal der Welt einem Wahnsinnigen zu überlassen. Dazu, das wußten die Götter, durfte es nicht kommen. Und trotzdem ahnten sie, daß es an der Zeit war, die flüsternden Steine den Menschen anzuvertrauen – jenen Gerechten, die ihnen den nötigen Respekt entgegenbrachten und die nach ihren Gesetzen zu leben bereit waren.

Meister der sprechenden Steine

Kaum hatten die Archäologen die Ausgrabungsstätte bei Qumran geräumt, folgten ihnen die Beduinen auf dem Fuß, um erneut nach verborgenen Schätzen aus Pergament zu stöbern. Darauf hatten sich die Angehörigen des Stammes der Ta'amireh spezialisiert, seit durch einen ersten, eher zufälligen Fund am Westufer des toten Meeres ein regelrechter »Goldrausch« ausgebrochen war.

Angefangen hatte es mit Muhammed adh Dhib (Mohammed den Wolf), einem halbwüchsigen Beduinen, der, wie alle Jungen seines Stammes, Schafe hütete. Nahe der Mündung des Wadi Qumran hatte er seine Herde an das Westufer des Toten Meeres getrieben. Die Luft über dem im rötlichen Beige glitzernden Wüstensand flimmerte in der glühenden Hitze. Hin und wieder zerriß das Blöken der Schafe die Stille, Muhammed langweilte sich. Zum Schutz vor der unbarmherzigen Sonne hatte er seinen Kopf mit einem Tuch bedeckt, mit seiner Ghotra. Zum Zeitvertreib zielte er mit Steinen auf ein Loch in der nicht weit von ihm entfernten Felswand und traf sein Ziel immer wieder. Plötzlich hörte er ein Klirren. Sofort dachte er an alte Erzählungen von verborgenen Schätzen und sah sich im Geist schon nach einem Krug voller Goldmünzen greifen. Schnell rief er seinen Kameraden Hamed herbei, der mit ihm die Herde bewachte und bat ihn, sie nicht aus den Augen zu lassen, während er sich durch die schmale Öffnung im Felsen zwängte. Drinnen war es sehr dunkel, durch die Felsspalte drang nur wenig Sonnenlicht ein. »Hier stehen Krüge«, rief er seinem Freund Hamed zu. »Komm her und nimm sie mir ab.« Als Muhammed das erste der schlanken, henkellosen Gefäße aus rötlichbrauner Keramik hochhob, um es Hamed zu überreichen, war er erstaunt darüber, wie leicht es war. Gold so mußte er enttäuscht feststellen, konnte sich nicht darin befinden. Trotzdem war er neugierig geworden. Als er den letzten der Tonkrüge aus der Höhle geschafft hatte, kroch auch er aus dem staubigen Loch heraus, um mit Hamed gemeinsam seinen Fund zu untersuchen.

Was er fand, war Pergament, über und über beschrieben. »Vielleicht steht hier, wo ein Schatz versteckt ist?«, meinte er zu Hamed. Aus irgendeinem Grund mußte ja jemand diese Texte so sorgfältig versteckt haben. Nur: Er konnte nicht lesen. Er hatte nie eine Schule besucht und sollte bis zu seinem Tod im Jahre 1997 Analphabet bleiben. Aber im Lager seines Stammes, so wußte er, gab es einen Mann, der lesen und sogar schreiben konnte. Also nahmen die beiden Jungen die Krüge mitsamt ihres brüchigen Inhalts mit, als sie gegen Abend die Herde zurück zum Zeltdorf der Ta'amireh trieben. Doch dort konnte ihnen niemand helfen. Ihr schriftkundiger Verwandter, der ihnen manchmal aus dem heiligen Koran vorlas, stellte nur lakonisch fest, daß es kein Arabisch war. War es die Schrift eines Djinns, eines jener Dämonen, die in der arabischen Sage verlorene Schätze hüten? Oder stammten die zerbröselnden Pergamente gar aus jener längst vergessenen Zeit vor dem Propheten? Selbst Muhammed wußte, daß es viele Schriften gab: Die der Engländer, die sich als Herren seines Landes aufspielten, oder die der stets in schwarze Gewänder gehüllten griechischen Mönche, der Ungläubigen, die in Betlehem und in der Wüste Juda ihre Klöster hatten. Irgendwann, so war sich Muhammed sicher, würde er auf jemanden stoßen, der auch diese Schrift entziffern konnte.

Und so bewahrte er die Krüge auf, hütete sie wie einen Schatz. Erst acht oder neun Jahre später, er war mittlerweile verheiratet, erwähnte er im Gespräch mit einem Verwandten den Fund aus seiner Jugend. »Weißt Du, daß es Leute gibt, die für so alte Krüge bares Geld bezahlen?«, fragte ihn dieser. Natürlich wußte Muhammed von Mitgliedern seines Stammes, die alte Gräber plünderten und ihren Inhalt an einen der Antiquitätenhändler von Betlehem und Jerusalem verkauften. Einige von ihnen hatten sogar Silbermünzen aus längst vergangenen Zeiten gefunden, die bei ihnen – je nach ihren Motiven –, nur »Jara« (Krug), »Schekel« oder »Bawaba« (Tore) hießen, und für die sie gut bezahlt wurden. Die Krüge waren aber nicht einmal besonders wertvoll, sie sahen schlicht und schmucklos aus, waren dazu lediglich aus Ton. Ihr Inhalt bestand nicht aus Münzen, sondern bloß aus altem brüchigem Papier.

Dennoch ging Muhammed der Rat seines Verwandten nicht mehr aus dem Sinn. Ein paar Tage später machte er sich mit seinem Stammesbruder Hamed, einen der Krüge in graues Tuch gehüllt, auf den Weg nach Betlehem. Wie sie wußten, lebte dort ein Scheich, der sich im Geschäft der Grabräuber bestens auskannte. »Geht zu Kando«, riet ihnen dieser. »Er ist zwar ein Ungläubiger, aber ein guter Freund. Er wird einen guten Preis machen. Mein Sohn wird euch hinbringen.« Khalil Islander Schahim, genannt Kando, war ein syrischer Christ. Er unterhielt seit Jahren einen kleinen Laden, in dem er allerlei Trödel und Antiquitäten verkaufte, meist an christliche Pilger, die die Geburtskirche in Betlehem besuchten und ein Souvenir aus biblischer Zeit zu erwerben gedachten.

Kando war clever. Als ihm die drei verstaubten, schäbig gekleideten und eher linkischen Beduinen vorgestellt wurden, durchschaute er sie sofort. Sie wußten gar nichts, rein gar nichts von Antiquitäten. Und das war seine Chance. Er ging gemütlich in die Küche, um heißen Tee zu holen, kam wieder mit vier Tassen, schenkte ein. Dann verwickelte er seinen Besuch in ein langes Gespräch. Es ging um Gott und die Welt, um die britische Verwaltung und die jüdischen Siedler, die in den letzten Jahren zu Tausenden in das Land strömten. Doch immer wieder, fast unbemerkt, so, als würde es ihn eigentlich gar nicht interessieren, lenkte er das Gespräch auf den Fund. Noch ehe sie wußten, wie ihnen geschah, hatten sie Kando die Lage der Höhle in allen Einzelheiten beschrieben.

Schließlich, als der Abend bereits über Betlehem dämmerte, erhob sich Kando langsam aus seinem schäbigen Stuhl und ging zu dem Krug, der verlassen in der Ecke stand. Er bemühte sich, verächtlich dreinzuschauen, während er mit einem Auge nach seinem fragilen Inhalt schielte. »Nun, wertvoll ist er nicht«, meinte er herablassend, »aber ihr seid Freunde meines Freundes, des Scheichs. Und die Freunde meines Freundes sind meine Freunde. Kommt in ein paar Tagen wieder und bringt mir die übrigen Krüge auch noch mit. Allah ist euch gnädig. Ich werde euch 16 Dinar dafür geben.«

Begeistert waren Muhammed und Hamed darüber nicht gerade, aber es war besser als gar nichts. Schließlich brauchten beide Geld. Und so gingen sie, nachdem das Geschäft per Handschlag besiegelt worden war, zusammen mit ihrem Stammesbruder zuversichtlich nach Hause.

Auch Kando war guten Mutes, als er im Lampenschein sorgfältig die Pergamentfetzen in dem so billig erworbenen Krug studierte. Wie er feststellte, war die Schrift ein frühes Aramäisch. Diese Sprache Jesu wird noch heute in der Liturgie seiner Kirche, bei den syrischen Christen, benutzt. Könnte es sich also um uralte Evangelienhandschriften handeln? Wenn das zutreffen sollte, hatte er gerade das Geschäft seines Lebens gemacht. Denn frühe Evangelienfragmente waren mehr wert als pures Gold. Für sie wurden auf dem Markt horrende Summen geboten.

Als er endlich zu Bett ging, konnte Kando vor Aufregung nicht einschlafen. Trotzdem stand er am nächsten Morgen auf, als die ersten Sonnenstrahlen die Wüste von Juda in rötliches Licht tauchten. Er hatte einen langen Weg vor sich. Zuerst fuhr er nach Jerusalem, um ein Mitglied seiner Kirchengemeinde aufzusuchen, George Isaiah, der sich in alten Handschriften auskannte. Als dieser ihm bestätigte, daß die Pergamente mit Sicherheit sehr alt waren, lud er ihn zu einem Ausflug zu jener geheimnisvollen Höhle ein. Auf der uralten, kurvigen Straße, die seit den Tagen der Patriarchen Jerusalem mit Jericho verband, fuhr er hinunter ans Tote Meer. Nach einem längeren Fußmarsch erreichten sie die Mündung des Wadi Qumran. Nach den Beschreibungen der beiden Beduinen war Kando bald in der Lage, die Höhle, aus der die Schriftrollen stammte, zu identifizieren. Auch er kletterte hinein, während sein Freund Wache hielt. Und tatsächlich fand er auf ihrem Boden noch Überreste weiterer Schriftrollen, die er frohlockend sicherstellte.

Von da an nahmen die Dinge ihren Lauf. Von Isaiah erfuhr der Metropolit der syrischen Christen, Athanasius Jeschua Samuel, von dem Fund. Sofort nahm er mit Kando Kontakt auf und überzeugte diesen schnell, daß er mit seinen internationalen Beziehungen für ihn das beste Geschäft arrangieren könnte. Der Händler, der seinem Kirchenoberhaupt vertraute, willigte ein. Bischof Samuel setzte sich erst mit Wissenschaftlern in Verbindung, um dann, als die Nachricht von einem sensationellen Handschriftenfund »im syrischen Markus-Kloster in Jerusalem« um die Welt ging, mit den Rollen in die USA zu reisen, wo er versuchte, sie für eine Million Dollar an den Mann zu bringen. Vielleicht war das ein wenig hoch gegriffen. Aber schließlich fand der Bischof doch einen Kunden: Den Staat Israel, der sie schließlich über einen amerikanischen Mittelsmann für 300 000 Dollar erwarb.

Durch die Pressemeldung aber, die mitten in die Gründungswirren des Staates Israel fiel, setzte der »run« auf Qumran ein. Bischof Samuel lud die Beduinen in sein Kloster ein, und hätte sein Hausmeister die furchterregenden Gestalten nicht davongejagt, hätten sie ihm wahrscheinlich ebenfalls den Fundort verraten. Die Dominikaner der École Biblique, einer französischen Einrichtung, die sich der neutestamentarischen Archäologie widmete, erfuhren ebenso von der Entdeckung wie die Israelis. Für die einen bedeutete sie die einmalige Chance, literarische Zeugnisse aus der Zeit Christi in die Hände zu bekommen, während die anderen in ihnen das Erbe ihrer Vorfahren sahen, das sie jetzt, mit der Rückkehr in ihr Land, anzutreten gedachten. Und dann waren da noch die Jordanier, die die Rollen für sich proklamierten, waren sie doch auf ihrem jetzigen Hoheitsgebiet entdeckt worden. Was folgte waren Zustände, die an die Eroberung des Wilden Westens oder den Goldrausch am Yukon erinnerten. Im Oktober 1951 kidnappte Joseph Saad, der Direktor des Rockefeller-Museums in Ost-Jerusalem, kurzerhand einen der Beduinen und zwang ihn, ihn an den Fundort zu bringen. Als er dort eintraf, quollen bereits Staubwolken aus zwei weiteren Höhlen, die gerade von anderen Beduinen durchsucht wurden. Mit Hilfe des jordanischen Militärs wurde er dennoch Herr der Lage und beschlagnahmte kurzerhand ihre »Beute«. Im März 1951 brach Pater de Vaux, ein Dominikaner von der École Biblique, nach Qumran auf, um, unterstützt von jordanischen und palästinensischen Archäologen sowie 24 Beduinen, am Fuße der Höhlen von Qumran Ausgrabungen zu unternehmen und weitere Höhlen ausfindig zu machen. Zwar entdeckte das Team in der dritten Höhle noch die Überreste einer Rolle aus Kupfer, die sich als eine Liste von Schatzverstecken aus der Zeit erwies, als die Römer den jüdischen Aufstand niederschlugen, also um 68 n. Chr., aber keine Schriftrollen. Erst ein halbes Jahr später tauchten erneut Pergamentfragmente auf dem Antiquitätenmarkt auf, die natürlich wieder von Beduinen entdeckt worden waren, die zwischenzeitlich eine vierte Höhle ausfindig gemacht hatten. Da sie jetzt wußten, wie begehrt die beschriebenen Schätze waren, verlangten sie diesmal einen angemessenen Preis.

Die vierte Höhle erwies sich als eine wahre Schatzgrube uralter Texte. Wie sich später herausstellte, hatte sie offenbar zur Bibliothek jener klosterähnlichen Anlage gehört, die Pater de Vaux in den folgenden Jahren Stück für Stück an der Mündung des Wadi Qumran ausgrub. Schon der römische Autor Plinius d. Ä. wußte, daß hier eine ganz besondere jüdische Gemeinschaft ihren Sitz hatte, nämlich die Essener, die sich als Hüter der alten Traditionen Israels verstanden.

Sie waren im 2. Jahrhundert v. Chr. aus Jerusalem ausgezogen, weil die Stadt in ihren Augen verderbt war. Ihre Bewohner waren mit der Zeit gegangen, hatten sich den Verlockungen der griechischen Kultur geöffnet, hielten Kampfspiele und Festgelage ab, statt die religiösen Pflichten zu erfüllen, die Moses ihnen einst auferlegt hatte. Diese Dekadenz war für die Essener ein Zeichen, daß das Ende naht. Und so errichteten sie ein »Lager in der Wüste«, einen Ort der Reinigung, dort, wo einst Joshua lagerte, bevor er die Israeliten in das gelobte Land führte. Auch sie träumten von einer »neuen Landnahme«, von der Errichtung eines neuen, reinen Israels, in das sie der lang ersehnte Messias führen würde. Bis dieser aber kam, hüteten sie das Erbe Moses und der Propheten wie einen Schatz.

Das Strafgericht trat in Gestalt der Römer auf. Als die Juden einen Aufstand anzettelten, um sich von der Steuerlast der neuen Herren über ihr Land zu befreien, führte der Feldherr Vespasian seine Legionen in das Heilige Land, zerstörte eine Stadt nach der anderen, um schließlich Jerusalem zu belagern. Als er im Jahre 69 zum Kaiser gewählt wurde, übernahm sein Sohn das Heer und stürmte schließlich ein Jahr später die Heilige Stadt. Ihre Bewohner führte er in die Sklaverei, ihre Anführer ließ er kreuzigen, Jerusalem selbst aber dem Erdboden gleichmachen. Die Stadt König Davids und der Propheten, der mächtige Tempel Gottes, den Salomon errichten und Herodes der Große erneuern ließ, die Stätten, an denen Jesus Christus gelitten hatte, sie standen fortan nicht mehr.

Vor dem römischen Heer, der heranrückenden IX. Legion Fretensis, hatten auch die Essener ihre Schriften in Sicherheit gebracht und in den Höhlen oberhalb ihres Klosters versteckt. Auch deren Ordenshaus wurde von den Römern zerstört, nur die Pergamente überstanden die Zeit. Als »Schriftrollen vom Toten Meer« zeugen sie bis auf den heutigen Tag vom geheimen Wissen der Sekte von Qumran, jenen Hütern der uralten Tradition.

In den insgesamt neun Höhlen von Qumran wurden über 40 000 oft nur briefmarkengroße Fragmente gefunden. Sie gehören zu einer Sammlung von 800 Texten, die aus allen Phasen der jüdischen Frühgeschichte stammen; wie es hieß, einige davon gar aus der Zeit vor der Sintflut. Sie beschreiben in allen Einzelheiten, wie die Menschen in den Besitz der MEs kamen, auch wenn dieser sumerische Begriff zur Zeit der Essener nicht mehr verstanden wurde.

Eine Schriftrolle, von der vier Fragmente in Höhle 4 gefunden wurden, handelt von den Riesen, den »Helden der Vorzeit«, der Zeit vor der Sintflut. Eine weitere schildert in allen Details die Begleitumstände der Geburt Noahs. Der mit Abstand sensationellste Fund aus den Höhlen am Toten Meer aber ist ein Abschnitt aus dem *Buch Henoch*, ebenfalls aus Höhle 4 und daher von den Qumran-Forschern unter den Bezeichnung »4Q201« gelistet, das »201. Fragment aus der 4. Qumran-Höhle«.

Dort heißt es wörtlich:

»… Doch ihr habt euer Werk geändert, und habt nicht seinen Befehl erfüllt und Euch gegen Ihn aufgelehnt; und unbillige und harte Worte mit euren unreinen Mündern gesprochen, gegen seine Hoheit, denn euer Herz ist verhärtet. Ihr werdet keinen Frieden haben … Ihre Anführer und alle anderen nahmen sich zu Weibern jene, die sie sich auswählten, und sie begannen, ihnen beizuwohnen und sich mit ihnen zu beschmutzen, und sie Magie zu lehren und Flüche und das Schneiden der Wurzeln; und sie mit den Kräutern vertraut zu machen. Und sie wurden schwanger von ihnen und gebaren Riesen, dreitausend Kubits groß.«

Hier geht es offensichtlich um die »Gottessöhne«, die wir bereits aus dem 6. Kapitel des Buches Genesis kennen, jene Nefilim, die sahen, wie schön die Menschentöchter waren, sie sich zur Frau nahmen und Riesen zeugten. Doch ihr eigentliches Vergehen war nicht die Verbrüderung mit den Erdlingen, sondern die Vermittlung von Wissen: Sie lehrten ihre Spielgefährtinnen geheime Künste: Magie, Medizin, Heilkunde, den Umgang mit Kräutern und noch vieles andere. Henoch, ein Erdling, hatte dabei offensichtlich die Funktion eines Götterboten inne. So heißt es in einem weiteren Qumran-Fragment aus Höhle 4, unter der Bezeichnung 4Q227:

»Henoch, nachdem wir ihn gelehrt hatten ... sechs Jubeljahre lang ... [kehrte zurück] inmitten der Menschensöhne, und er legte Zeugnis ab gegen sie alle ... und auch gegen die Wächter. Und er schrieb alles nieder, die Geheimnisse des Himmels und die Wege seiner Scharen und Heiligen ... damit die Rechtschaffenden keinen Irrtum begehen werden.«

Das heißt: Das Vergehen der Nefilim war nicht, die Menschen etwas gelehrt zu haben. Es geschah nur alles in der falschen Reihenfolge. Die Anunnaki hatten ihren Plan, der unter dem Stichwort »Projekt Akiti« – »Bau des Lebens auf Erden« stufenweise abgewickelt werden mußte: Schritt für Schritt sollte die Entwicklung der Menschheit behutsam gesteuert werden. Das eigenmächtige Vorgehen der lüsternen »Gottessöhne« brachte eben diesen Plan durcheinander. Jetzt mußte alles korrigiert werden. Die Sintflut fand statt. Und Henoch war der Beauftragte für die Wiederherstellung der »göttlichen Ordnung«.

Was den Fund von Qumran so sensationell macht, ist nicht sein Umfang. Das Buch Henoch ist bereits seit dem 19. Jahrhundert bekannt. Es war in zwei Versionen überliefert worden: Einige wenige, besonders gelehrte Rabbiner in Osteuropa hüteten das apokalyptische *Buch der Geheimnisse des Henoch* wie einen

Schatz, dagegen kursierte das eigentliche *Buch Henoch* bei den äthiopischen Juden und koptischen Christen. Während die jüdische Tradition von beiden Büchern behauptete, daß sie aus der Zeit vor der Sintflut stammten und Noah ihre Urschrift eigenhändig in seine Arche getragen hätte, bezweifelten Wissenschaftler ihr hohes Alter. Es hieß, daß sie allenfalls aus dem 3. oder 4. Jahrhundert nach Christus stammen konnten. Doch wie sich herausstellte, sind die Qumran-Fragmente dem 7. Kapitel des *Buches Henoch* entnommen, sie bestätigen überdies die Genauigkeit der Überlieferung der äthiopischen Version. Nun blieb nichts anderes mehr übrig, als festzustellen, daß dieses uralte Buch bereits im 2. Jahrhundert vor Christus bekannt und in die Bibliothek der Essener aufgenommen worden war. Warum es nie Teil der »kanonischen« Bibel wurde, statt dessen immer als »apokryph« (»geheime Schrift«) galt, mag an dem esoterischen Inhalt der Henoch-Tradition liegen. Denn hier geht es nicht nur um die Ursachen der Sintflut, sondern darum, auf welche Art und Weise Geheimwissen zur Erde gelangte:

Es hieß, die Nefilim seien auf dem Berg Hermon nicht weit weg von Baalbek oder dort in der Nähe gelandet. Sie brachten nicht nur die unstillbare Begierde nach der Erfahrung menschlicher Fortpflanzung mit, sondern auch Wissen – MEs: über Medizin, Heilkunde, Magie; aber auch »das Wissen, wie Metalle der Erde verarbeitet« werden; »Astrologie«, »das Wissen um die Konstellationen« (d.h. Astronomie), »das Wissen um die Wolken« (Meteorologie), »den Lauf des Mondes« (bzw. den Kalender) und vieles andere mehr.

Die Engel selbst, so heißt es, beobachteten ihr Tun voller Mißfallen, dann trugen sie »dem Höchsten« ihre Anklage vor: Daß die Nefilim alle Unrechtschaffenheit auf Erden gelehrt, vor allem aber, daß sie »die ewigen Geheimnisse, die im Himmel gehütet werden«, auf der Erde enthüllt hätten. In dieser Formulierung, der Erwähnung jener »ewigen Geheimnisse, die im Himmel gehütet werden«, kann man nur den etwas unbeholfenen Versuch erkennen, das sumerische Wort ME irgendwie zu übersetzen. Eben jene MEs waren die Geheimnisse der Schöpfung, die von den Göttern eifersüchtig bewahrt wurden. Und so beschlossen sie, sofort einzugreifen. Die Nefilim sollten bestraft werden, ganz wie Prometheus, der den Menschen das Feuer brachte, oder Zu, der Enlil die MEs entwendete.

Aus diesem Grund nahmen »die Wächter des Himmels« mit einem der wenigen Gerechten auf Erden, dem Patriarchen Henoch Verbindung auf, führten ihn in ein von Flammen umgebenes »Haus aus Kristallen«, das ihn in »den Himmel« brachte. Dort wiesen sie ihn ein. Sein erster Auftrag: Den Nefilim den Urteilsspruch des himmlischen Gerichtes zu überbringen. Sein zweiter Auftrag: Die Ordnung auf Erden wiederherzustellen. Alles Alte, alles, was aus dem Lot geraten war, sollte durch die Sintflut zerstört werden, Henoch aber die Grundlagen für ein neues Wissen, ein neues Gesetz schaffen. Aus seiner Linie, so wurde festgelegt, sollte einst jener Mensch geboren werden, der die Sintflut überlebt und zum Stammvater einer neuen Menschheit wird: Noah.

Aus diesem Grund zeigten sie ihm alles, weihten ihn in die Geheimnisse des Himmels und der Erde ein. Er sah die Sonne und den Mond, die Sterne und Konstellationen, die Wolken und Winde, die Berge und Flüsse und die vier Ecken und Enden der Welt. Und dann, nachdem er all dies in sich aufgenommen hatte, war es soweit: Ihm wurden die MEs übergeben, die »himmlischen Tafeln«, wie es im Buch Henoch heißt:

»Und [der Engel] sprach zu mir:
›Siehe, Henoch, diese himmlischen Tafeln,
und lese, was auf ihnen geschrieben steht,
nimm jede einzelne Sache in dich auf.‹
Und ich betrachtete die himmlischen Tafeln
und las alles, was geschrieben stand, und
verstand alles ...«

Und so wurde Henoch zum Vater allen Wissens.

»Er war der erste der Menschensöhne, der die Schrift und das Wissen und die Weisheit erlernt hat, der erste von jenen, die auf der Erde geboren wurden. Und der in einem Buch niederschrieb die Zeichen des Himmels nach der Ordnung ihrer Monate, so daß die Menschensöhne die Zeiten des Jahres erkannten in ihrer Ordnung, nach jedem ihrer Monate ... Er sah und wußte alles und schrieb sein Zeugnis nieder und legte Zeugnis auf Erden ab für alle Menschenkinder und Generationen«, rühmte ihn die Chronik der Patriarchen, das jüdische *Buch der Jubeljahre*, dessen Fragmente ebenfalls in der Höhle 4 von Qumran gefunden wurden. »Henoch« bedeutet »der Einsichtige, der Kundige«. Im Koran wird er »Idries« genannt, im Islam gilt er als einer der wichtigsten Propheten Gottes. Dieser wird als »der Verfasser von dreißig Büchern« beschrieben, die er niederschrieb »bevor er nach Ägypten ging und dort König wurde«.

Glauben wir Flavius Josephus, dem Verfasser der *Jüdischen Altertümer*, dem wir das Wissen um so viele Details aus der Zeit Jesu und des Jüdischen Krieges verdanken, ist Henoch mit Hermes Trismegistos gleichzusetzen, dem großen Weisen der ägyptischen Kultur. Hermes war der Bote der Götter, »Trismegistos« ist ein Ehrentitel und heißt so viel wie »Der dreimal Größte«. So nannten die hellenistischen Griechen, die Ägypten seit den Tagen Alexanders des Großen und bis in die Tage Kleopatras regierten, den Weisheitsgott Thot der altägyptischen Mythologie. Thot war es, der seinen Schüler Imhotep, den Erbauer der ersten Pyramide, die Schrift, Heilkunde, Astronomie, Architektur und alle anderen großen Wissenschaften, für die Ägypten später bekannt werden sollte, lehrte. Zur Zeit des Jamblichos, des großen neuplatonischen Philosophen, der im 4. Jahrhundert n. Chr. in Alexandria lebte, hüteten die ägyptischen Priester noch 42 Bücher, die Hermes/Thot selbst verfaßt haben soll. 36 davon enthielten die Geschichte menschlichen Wissens, sechs weitere alle Bereiche der Medizin: Anatomie, Pathologie, Augenkrankheiten und die Instrumente der Chirurgie.

»Er teilte den Tag in zwölf Stunden, erstellte den ersten Kalender, lehrte die Menschen rechnen, schreiben, ihre Felder vermessen. Als Herr der göttlichen Worte schuf er unsere Gesetze, in seinem 42bändigen Zauberbuch faßte er alle Weisheit zusammen. Gar groß war Thot«, heißt es in einem alten Papyrus. Wie bekannt ist, haben die Juden die Erfindung des Kalenders dem Henoch zugeschrieben. Die göttlichen Worte spiegeln die MEs der Sumerer und auch die »himmlischen Tafeln« der Juden wider.

Auch Flavius Josephus schreibt Henoch/Hermes im zweiten Kapitel seiner *Jüdischen Altertümer* die Erfindung der »Sternkunde« zu. Damit dieses Wissen nicht in der Sintflut verlorenginge, soll er zwei über und über mit Hieroglyphen bedeckte Säulen errichtet haben. Nach arabischer Tradition waren die »Säulen des Hermes« die beiden großen Pyramiden von Gizeh. Verschiedene arabische Historiker, darunter Al Makir (7. Jh.), Watwati, Sorar, der berühmte Forschungsreisende Ibn Battuta (14. Jh.) und Ahmed Al-Makrizis,

Verfasser des berühmten Geschichtswerkes »al Hitat«, waren davon überzeugt, daß darin seine »Bücher der Wissenschaft und der Erkenntnis« deponiert waren: »Der erste Hermes, auch der »Dreifache« genannt, weil er Prophet, König und Weiser zugleich war, las in den Sternen, daß die Sintflut kommen würde. Da ließ er die Pyramiden bauen und in ihnen Schätze, gelehrte Schriften und alles, worum er sich sorgte, daß es verloren gehen und verschwinden könnte, bergen, um die Dinge zu beschützen und wohl zu bewahren.«

Das sei »dreihundert Jahre vor der Sintflut« gewesen.

Ebenso wird Hermes/Henoch die berühmte »Smaragdtafel« zugeschrieben, eine Tafel oder ein Stein, die oder der den Schlüssel allen Wissens, des Universums birgt. In der alchemistischen Literatur des Mittelalters vermengte sich diese Tradition sehr bald mit jener vom »Stein des Weisen«, mit dessen Hilfe die Elemente beherrscht werden konnten.

Wie sehr sich auch die alten Juden bemühten, das Konzept des ME zu verstehen und in ihre Tradition zu integrieren, zeigt sich im sogenannten *3. Buch Enoch*, das der berühmte Rabbi Ishmael niedergeschrieben haben soll. Dort schildert er, wie Henoch, nach seiner Himmelfahrt, zum Engel ME-tratron, dem Bewacher der »siebzig heiligen Namen« ernannt wurde. Diese siebzig »Namen« kontrollierten, ganz wie die MEs, das Schicksal der Menschheit, mit ihrer Hilfe konnten »Befehle in jeder Sprache erlassen, Arrogante erniedrigt, Demütige erhöht, Könige unterworfen werden ...« Mit ihnen war es möglich, den Ablauf der Zeit und der Jahreszeiten zu kontrollieren, Könige zu erkennen und zu stürzen, Weisheit den Weisen der Welt, Verständnis und Wissen jenen zu geben, die verstehen, wie es geschrieben steht.«

Diese »göttlichen Namen« selbst aber werden beschrieben als »bekleidet mit Glorie, bekrönt von hellen Funken, leuchtend in hellen Strahlen«, ganz wie die MEs der Sumerer.

Und Henoch war Sumerer. Von ihm berichten die sumerischen Königslisten, denen zufolge er der Fürst von Sippar war und Enmeduranki hieß. Dieser Name war Programm, wahrscheinlich sogar ein Titel, bedeutete er doch: »Der Herr der MEs, der Himmel und Erde verbindet«. Offenbar war er in Nippur, am Ekur Enlils ausgebildet worden, wo die Duranki, die »Verbindung Himmel-Erde« gepflegt und die MEs aufbewahrt wurden. Enmeduranki herrschte in der »Vogelstadt« Sippar, während es von Henoch im *Buch der Jubeljahre* heißt, er hätte auf dem »Berg Qatar«, dem »Berg des Ostens« geopfert. War damit vielleicht die Zikkurat von Sippar gemeint?

Henoch war der siebte Patriarch der Bibel, Enmeduranki wird als der siebte König des vorsintflutlichen Sumers genannt:

Bibel	Sumerische Königliste
Adam	Alulim
Set	Alagar
Enosch	Enmenluanna
Kenan	Enmengalanna
Mahalalel	Dumuzi
Jared	Ensipaziani
Henoch	Enmeduranki

Über Enmeduranki heißt es in einer über 5000 Jahre alten Keilschrifttafel, die der Sumerologe W.G. Lambert erstmals veröffentlichte:

»Enmeduranki war ein Fürst in Sippar,
geliebt von Anu, Enlil und Enki.
Schamasch im hellen Tempel ernannte ihn.
Schamasch und Adad nahmen ihn mit zur
Versammlung der Götter.
Sie zeigten ihm, wie man mit Öl und Wasser
heilt [d.h. Medizin],
ein Geheimnis von Anu, Enlil und Enki.
Sie gaben ihm die göttlichen Tafeln,
das Geheimnis des Himmels und der Erde.
Sie lehrten ihn, wie man mit Zahlen rechnet.«

Das klingt wie eine Kurzfassung des Buches Henoch, demzufolge der Patriarch von zwei »Wächtern« in den »Himmel« geholt wurde; der Keilschrifttext identifiziert die himmlischen Boten als Schamasch und Adad. In beiden Texten wurden ihm eine Reihe wissenschaftlicher »Geheimnisse« enthüllt, und ihm dann, zum Abschluß, die »himmlischen Tafeln« übergeben. Das aber hieße, daß die Vorlage des äthiopischen Henoch-Buches nicht nur 2200 Jahre alt ist, wie der Qumran-Fund indiziert, sondern mindestens so alt wie die Keilschrifttafeln.

Weiter heißt es dort, daß Enmeduranki nach Sumer zurückkehrte. »Die Männer von Nippur, Sippar und Babylon wurden vor ihn gerufen.« Er weihte sie in seine Mission ein: Die Begründung einer Linie von Priestern, die fortan zu Hütern dieses göttlichen Wissens werden sollten. Von diesem Tag an, so endet die Tafel, wurden die MEs vom Vater auf den Sohn vererbt: »Der Gelehrte, der die Geheimnisse der Götter bewahrt, wird seinen bevorzugten Sohn mit einem Schwur einweihen ... Dies war die Linie der auserwählten Priester.« Es war die Linie der Patriarchen der Bibel:

»Im Alter von 65 Jahren zeugte Henoch den
Metuschelach … Henoch wandelte mit Gott.
Er lebte nach Metuschelachs Geburt noch
300 Jahre und zeugte Söhne und Töchter.
Insgesamt lebte Henoch 365 Jahre. Henoch
wandelte mit Gott, dann war er nicht mehr,
denn Gott hat ihn entrückt.
Im Alter von 187 Jahren zeugte Metuschelach
den Lamech. Nach der Geburt des Lamech lebte
Metuschelach noch 782 Jahre und zeugte Söhne
und Töchter. Insgesamt lebte Metuschelach
969 Jahre, dann starb er.
Im Alter von 182 Jahren zeugte Lamech einen
Sohn. Er nannte ihn Noah …« (Gen. 5, 21-29)

Und so weiter, und so fort, bis wir, fast 2000 Jahre
später, zu Abraham kommen, dem Vater eines neuen
Bundes.

Das Handy Gottes

Der Mann im weißen Priestergewand wußte, daß Gott zu ihm gesprochen hatte. Wenn er auch noch so sehr daran zweifelte, dem hohen, an ihn gestellten Anspruch gerecht werden zu können, wußte er auch genau, daß er seinem Auftrag nachkommen, diese Mission erfüllen mußte. Er, der Unwürdige, sollte zum Stammvater einer Nation werden. Sumer, seine Heimat, war dem Untergang geweiht. Nun war die Zeit gekommen, die flüsternden Steine seines Herrn Enlil aus dem Ekur zu holen, um sie schließlich, auf einem langen Weg, in das neue, gelobte Land zu bringen, nach Kanaan. Dazu bedurfte es jedoch mühsamer Vorbereitungen.

Dem Sturz des Tyrannen Naram-Sin und der Zerstörung der Stadt Agade war noch einmal eine kurze Zeit der Blüte der sumerischen Kultur gefolgt. Wissenschaftler sprechen von der »Dritten Dynastie von Ur«, wenn sie sich auf jene Periode beziehen, in der sowohl der prachtvolle Goldschmuck als auch die von Leonard Wooley in den Königsgräbern von Ur entdeckte filigrane Keramik entstand. Doch nach dem Einfall des Bergvolkes der Gutäer aus dem Norden – deren Nachfahren die heutigen Kurden sind – hatte sich vieles verändert. So regierten längst nicht mehr die Priesterkönige und ihre parlamentsähnlichen Räte über die friedlichen Stadtstaaten mit blühendem Handel und wissenschaftlicher Prägung. Hier herrschte mittlerweile das Militär, das mit dem Versprechen, die Bewohner vor der Bedrohung durch die Gutäer zu schützen, die Macht an sich gerissen hatte. Ur, die

Stadt des Kommandanten Uranammu, wurde zur Hauptstadt des neuen Reiches ausgebaut und erhielt die mächtige Zikkurat des Mondgottes Nanna (oder Sin) als Zentralheiligtum. Dagegen spielten Nippur, die Stadt Enlils, und Eridu, die Stadt Enkis, nur noch untergeordnete Rollen und die Soldatenkönige wollten auf ihre Priester, die immer noch die MEs befragten, nicht mehr hören. Die Götter hatten zwar beschlossen, die Menschen mit der Übergabe der MEs langsam in die Selbständigkeit zu entlassen, doch was sie nun erleben mußten, gefährdete ihren Plan weit mehr als die Eigenmächtigkeiten der Nefilim. Sumer, das Land der Götter, befand sich in einer Phase der Stagnation. Und darauf folgten Selbstzufriedenheit und Dekadenz. Nur ein Neuanfang konnte die alten Werte, das alte Wissen, die einstige Bestimmung der sumerischen Kultur noch retten.

Für einen solchen Neubeginn war Ibruum – ein Enlil-Priester aus Nippur oder Ni-bru-ki, wie sein Name verriet – erwählt worden. Ibruum entstammte jener alten Priesterdynastie, die von Enmeduranki vor der großen Flut gegründet worden war. Terah, sein Vater, war der Herr der MEs oder Teraphim, wie sie in der semitischen Sprache hießen, die seit der Herrschaft der Akkader zur zweiten Landessprache im Zweistromland geworden war. Er hatte seinem Sohn das Wissen um die geheime Kunst, mit den Göttern zu sprechen, schon früh vermittelt. In späteren Jahren sollte er auch als Orakelpriester bezeichnet werden. Doch diese Art der Divination (Ahnungsvermögen) wäre etwa ebenso mystisch gewesen wie die Benützung des Telefons zu jener Zeit. Terah wußte nur die MEs korrekt anzuwenden.

Die Geschichte des Patriarchen Abraham wird in einer Art überliefert, die aus vielen Mißverständnissen und daraus resultierenden Ungereimtheiten besteht. Beim Lesen seiner Geschichte im 12. Kapitel des Buches Genesis könnte daher leicht der Eindruck entstehen, daß es sich bei ihm bloß um einen Hirten gehandelt hat, der einer Vision gefolgt ist. Erst das Studium älterer, teilweise sogar zeitgenössischer Berichte offenbart die Hintergründe seiner Mission, die auf einen »flüsternden Stein« zurückführt.

Die Zeilen im Alten Testament, die von Abraham berichten, lassen keinen Zweifel daran, daß er zu Ende der 3. Dynastie von Ur (2167–2059 v. Chr.) lebte. Die Lebensdaten der Patriarchen lassen sich aus der sehr sorgfältigen biblischen Chronologie genauestens errechnen. Ihr Fixpunkt ist die Grundsteinlegung des Salomonischen Tempels ca. 970 v. Chr. Dieser fand »im 480. Jahr nach dem Auszug der Israeliten aus Ägypten« (1 Kön., 6,1), dem Exodus statt, der insofern auf das Jahr 1450 v. Chr., in die Regierungszeit des Pharaos Thutmosis III., zu datieren ist, dessen despotische Persönlichkeit tatsächlich gut zum Pharao der Bibel paßt. »Die Zeit des Aufenthalts der Israeliten in Ägypten betrug 430 Jahre«, heißt es weiter in Buch Exodus (2. Mos. 12, 40), angefangen mit der Ankunft Jakobs ca. 1880 v. Chr., als am Nil die semitischen Hyksos, die »Hirtenkönige«, herrschten. Als sein Sohn Joseph ihn nach »Ägyptenland« holte, war Jakob »hundertdreißig« Jahre alt (1. Mos. 47, 9), er wurde also ca. 2010 v. Chr. geboren. Sein Vater Isaak war 60 Jahre alt, als Jakob das Licht der Welt erblickte, womit wir seine Geburt auf 2070 v. Chr. datieren können. Damals war Abraham bereits 100 Jahre alt, geboren also im Jahre 2170 v. Chr., ausgezogen aus dem Zweistromland 2095 v. Chr. Das war zur Regierungszeit König Amar-Sins von Ur (2101–2093 v. Chr.), ganz wie es die Bibel berichtet, in der er Amraphel von Shinear (= Sumer) genannt wird: »Es begab sich in den Tagen Amraphels, des Königs von Shinear, Ariochs, des Königs von Ellasar, Kedorlaomer, des Königs von Elam und Tidals, des Königs der Völker.« (1. Mos. 14, 1)

Man mag die biblische Chronologie für frei erfunden, mythisch oder von kabbalistischer Zahlensymbolik erfüllt halten; doch die Präzision, mit der sie uns auf das Jahr genau in die Regierungszeit eines Königs bringt, der ausdrücklich als Zeitgenosse Abrahams genannt wird, erstaunt. Sie bestärkt den Verdacht, daß es sich bei den ersten Büchern der Bibel tatsächlich um die sorgfältig gehütete Chronik eines uralten Volkes handelt, und nicht etwa um Mythologie. Jedenfalls bestätigt eine ganze Reihe zeitgenössischer Dokumente den historischen Rahmen der Mission Abrahams, wie ihn uns das Buch Genesis nennt.

In den holzgetäfelten, hohen Räumen der Bibliothek des Britischen Museums hatte Theophilus Pinches seine große Entdeckung gemacht. Man hatte ihm, der eine ganze Reihe altsemitischer Sprachen und Schriften beherrschte, einen Haufen staubiger und teilweise brüchiger Tontafeln überlassen, die erst kurz vorher von britischen Archäologen ausgegraben und nach England geschickt worden waren. Man fand sie in den Ruinen von Babylon, jener Metropole am Euphrat, die 500 Jahre lang das Machtzentrum der Welt war.

»Babylon die Große« galt noch in der Zeit Jesu und seiner Apostel als Symbol für unbegrenzte Macht, aber auch für zügelloses Laster und Hurerei. Von dieser »Mutter aller Städte« zeugen noch immer die Überreste ihrer mächtigen Mauern, die einst breit genug waren, um von vier Pferden gezogene Streitwagen auf ihnen fahren zu lassen, und das Fundament des mächtigen »Turmbaus von Babel«, die bis an die Wolken reichende Zikkurat des Marduk, die als Symbol menschlichen Hochmuts galt. Hier, »an den Flüssen von Babylon«, den unzähligen Kanälen, die, vom Euphrat abgeleitet, die Ebene bewässerten, hatten die Juden einst die bitteren Jahre ihrer Gefangenschaft verbracht, träumten sie von Zion, das für sie in unerreichbarer Ferne lag.

Babylon verdankte seinen Aufstieg einem ebenso genialen wie zielstrebigen Herrscher des 18. vorchristlichen Jahrhunderts, dem charismatischen Hammurabi. Wie einst Sargon von Akkad, so eroberte auch Hammurabi eine Stadt nach der anderen, bis sich sein Reich von Eridu im Süden bis nach Mari im Nordwesten des heutigen Iraks erstreckte. Danach galt es, das Reich zu festigen. Sein Instrument dazu war das Recht, ein einheitliches Gesetz für das gesamte Reich, das alle Untertanen gleichstellte und Gerechtigkeit zur Grundlage seiner Herrschaft machte. In seinem Gesetzescodex, einer Säule mit seinen Erlassen, die er in jeder seiner Städte aufstellen ließ, rühmte er sich zudem, mit allen Göttern des Reiches verbündet zu sein, und ihre jeweiligen Tempel wiederaufgebaut zu haben. Als er auch noch das so lange vernachlässigte Kanalsystem der Sumerer erneuern und erweitern ließ, hatte er das Herz seiner Untertanen gänzlich gewonnen. Unter einem Herrscher, der unterworfene Städte in ein Reich eingliederte, das ihnen Wohlstand, Handel, Gleichheit und Recht garantierte, statt sie, wie sein Vorgänger, gnadenlos auszuplündern, ließ sich leben.

Hammurabi mag auch als Erfinder der modernen Diplomatie gelten. Seine Korrespondenz, die jahrhundertelang in Larsa und Babylon aufbewahrt wurde, zeugt von langen, geduldigen Verhandlungen, die er mit seinen Nachbarvölkern führte, bevor es im 29. Jahr seiner Regierung doch noch zum Krieg kam. Eine Koalition der Reiche Elam, Subartu, Gutim, Eshnunna und Malgium, die allesamt im Hochland des heutigen Iran lagen, zog gegen Babylon – und wurde vernichtend geschlagen. Die Überreste dieser Korrespondenz hielt Theophilus Pinches jetzt in den Händen. Gebannt las er, Zeile für Zeile, die babylonische Keilschrift, bis er auf einen Namen stieß, den er aus der Bibel kannte: Kudur-Laghamar, fast namensgleich mit Kedor-Laomer, dem König von Elam. Bei oberflächlichem Lesen konnte dieser Kedor-Laomer als Zeitgenosse Hammurabis angesehen werden. So kam es, daß bald, nachdem Pinches seine sensationellen Übersetzungen der Hammurabi-Tafeln veröffentlichte, einige Bibelforscher folgerten, Abraham hätte im 18. Jahrhundert v. Chr. gelebt und Hammurabi sei der historische »Amraphel, König von Shinear«, nicht Amar-Sin. Doch Hammurabi schrieb nicht an Kedor-Laomer als Zeitgenossen, sondern zitierte ihn nur. Jener verwies Sin-Idinna, König von Larsa, darauf, daß die Göttinnen seiner Stadt »seit den Tagen des Langhamar« vernachlässigt würden. Damit hatte er den Schlüssel zur Bestätigung der biblischen Tradition geliefert. War Kedor-Laomer tatsächlich lange vor Hammurabi Herr von Larsa gewesen, kann er nur mit jenem »elamitischen Würdenträger identisch sein, mit dem Schulgi – einer der Könige der 3. Dynastie von Ur – 2127 v. Chr. seine Tochter vermählte. Wie es in den sumerischen Texten ausdrücklich heißt, gab er dieser die Stadt Larsa als Mitgift in die Ehe. Der Elam revanchierte sich dafür bei König Schulgi mit einem Heer, das auch Schulgis unmittelbarer Nachfolger Amar-Sin anführte, als er gegen Kanaan zog.

Von Austen Henry Layard in der Bibliothek von Niniveh gefundene andere Schrifttafeln, undatierte Texte assyrischer Übersetzungen, erwähnen ebenfalls einen

»Kudur-Laghamar, König des Landes Elam«, aber nicht im Zusammenhang mit Hammurabi. Statt dessen kommt dort ein »König Eri-Aku« vor, dessen Name nichts anderes als »Knecht des Gottes Aka« bedeutet, des Stadtgottes von Larsa. Er war von Kudur-Laghamar, der seit seiner Heirat mit der Schulgi-Tochter ein Verbündeter Sumers war, quasi zum Gouverneur der Stadt ernannt worden, die ihm natürlich tributpflichtig war. Unschwer ist in ihm der »Arioch, König von Ellasar« aus der Bibel erkennbar. Bei »Tidal, dem König der Völker« handelt es sich wohl um jenen Tud-ghula, den die Tafeln als Anführer jener Horden von Bergvölker nennen, die seit jeher zu den Verbündeten Elams zählten. Die Tatsache, daß es nur in einer einzigen Periode der Geschichte zu einer Allianz zwischen Elam und Sumer kam und in eben dieser Zeit die in der Bibel genannten Könige herrschten, macht die Identifikation eindeutig. Amar-Sin, »der den Sin gesehen hat«, ist nach Nannar-Sin, dem Mondgott von Ur benannt, dem Lieblingssohn Enlils. In der Umgangssprache seiner Zeit hieß er daher auch einfach »Pal«, »der Sohn«, und so ist es nicht allzu erstaunlich, daß aus Amar-Sin auch Amar-Pal wurde, der Amra-phel der Bibel. Der Feldzug des Amar-Sin fiel in die letzten beiden Jahre seiner Herrschaft, 2095–2093 v. Chr., von dort sollte er nicht mehr in seine Heimat zurückkehren. Vom letzten Jahr seines Feldzuges heißt es in der Chronik des Amar-Sin wörtlich, daß »die Schäferwohnung von Ibruum angegriffen wurde«, womit wohl ganz Kanaan gemeint war. Wer sonst als Abraham/Ibrahim konnte dieser Ibruum gewesen sein? Die Gleichsetzung ist einleuchtend, denn das Ereignis wird im 14. Kapitel des Buches Genesis geschildert. Abraham erfuhr, daß die Amarsin-Koalition die Stadt Sodom geplündert hatte, in der sein Neffe Lot lebte. So sammelte er seine »Truppen« – immerhin eine

Kleinarmee von 318 Mann, wie wir aus der Bibel erfahren – und nahm die Verfolgung auf. Bei Choba nahe Damaskus stellte er sie zur Schlacht – und siegte über das elamitische Teilheer des Kedor-Laomer: »Die ganze Habe brachte er zurück: seinen Neffen Lot und sein Besitztum, auch die Frauen und seine Leute«, die offenbar in die Sklaverei verschleppt worden waren. Doch kaum war er zurückgekehrt, »kam ihm der König von Sodom entgegen«, offenbar um ihm seine Beute umgehend wieder abzujagen. Erst Melchisedech, der Priesterkönig von Salem, konnte den Streit schlichten, die Beute wurde gerecht verteilt.

Auch spätere babylonische Texte schildern den Feldzug, beschreiben in allen Details, wie Eriaku (Arjoch) Schebu (Beer Sheba) angriff und Tud-Gula (Tidal) »mit seinem Schwert die Söhne von Gaza erschlagen« sollte. Zuerst wurde eine Festung im »Hochland«, damals Rabattum, angegriffen, dann gegen das Tote Meer gezogen, um Dur-Mah-Ilani einzunehmen. Doch dort, so heißt es ausdrücklich, »stand ihm des Priesters Sohn, den die Götter gesalbt hatten, im Wege und verhinderte die Zerstörung«. »Ibruum«, »des Priesters Sohn«, war Abraham, der noch heute bei den Arabern Ibrahim genannt wird, der Sohn des Orakelpriesters Terah.

Eines steht fest: Im selben Jahr wie »Amraphel«/Amarsin, 2095 v. Chr., brach auch Abraham aus Haran im Norden des Landes auf. Offenbar war der Feldzug das Zeichen, auf das der Patriarch gewartet hatte, um seine Mission zu beginnen. Schon Jahre zuvor war er seinem Ruf gefolgt und hatte zusammen mit seinem Vater Terah das Königreich Ur verlassen, war in den Norden nach Haran gezogen, um sich bereitzuhalten, wenn der Tag gekommen war. Abraham war mehr als nur ein Hirte oder Priestersohn. Er war das Oberhaupt eines Stammes, einer Dynastie, vielleicht einer Gruppe Enlil-treuer Bewohner von Nippur, die dem Ruf ihres Gottes folgten und die heilige Stadt verließen, um sich in einem neuen, gelobten Land anzusiedeln. Sie nannten sich fortan Ibri oder Ibru, woraus das Wort »Hebräer« entstand, abgeleitet vom Städtenamen Nibruki. Abraham nannte seinen Gott El, worin wir unschwer die akkadische Version des Namens Enlil erkennen, die »il«, »ili« oder »ilulu« lautete. Und wenn der jüdische Kalender heute das Jahr 5760 schreibt, dann geht er vom Jahre 3761 v. Chr. aus, »als die Zählung der Jahre begann«: Jenem Jahr, in dem in Nippur der Kalender eingeführt wurde.

Daß Abraham nicht als Privatmann ins Heilige Land zog, bestätigt auch der vorchristliche syrische Historiker Nikolaus von Damaskus, der ihn als König und Heerführer bezeichnete und feststellte: »Zu Damaskus regierte Abram, der mit einem Heer aus dem oberhalb Babylons gelegenen Land der Chaldäer dorthin gekommen sein soll.« Aber er war viel mehr noch als ein Patriarch, Heerführer und Priesterkönig: Er war ein Wissender, er kommunizierte mit den Göttern, über ihn stellte das *Buch der Jubeljahre* fest: »Er wuchs auf im Ur der Chaldäer, und sein Vater lehrte ihn die Weisheit der Chaldäer, die Befragung der Orakel und die Astrologie nach den Zeichen des Himmels.«

Der Schlüssel zu Abrahams Geheimnis ist der Name seines Vaters, des Orakelpriesters Terah. Ein »Terah« war jemand, der mit den »Teraphim« arbeitete. »Teraphim« heißt wörtlich »zum Leben erweckter Geist« und stammt von dem sumerischen »Tirhu« ab, wörtlich »Gerät für magische Zwecke«. Die Teraphim waren Orakel-Idole, die Fragen beantworteten. Aufgrund der antiken Beschreibungen ist anzunehmen, daß sie durch einen »flüsternden Stein« in ihrem Inneren aktiviert wurden. So beschrieb sie jedenfalls der weise Jude Maimonides, ein ausgezeichneter Kenner alter, geheimer Texte und Traditionen, der im 12. Jahrhundert lebte:

> *Die Verehrer der Teraphim behaupteten,*
> *daß, wenn das Licht der Sterne die geformte*
> *Statue erfüllte,*
> *sie in Verbindung gesetzt wird mit der*
> *Intelligenz dieser fernen Sterne und*
> *Planeten, die die Statue als*
> *Instrument benutzt.*
> *Auf diese Weise lehrten die Teraphim den*
> *Menschen viele nützliche Künste und*
> *Wissenschaften.«*

Es ist anzunehmen, daß Abraham durch diese »Teraphim« mit seinem Gott kommunizierte. Das *Buch der Jubeljahre* jedenfalls beschreibt den ersten Tag, an dem er die Stimme Gottes hörte, die aus einem der flüsternden Steine zu ihm sprach:

»Und der Herr Gott sprach zu mir: ›Öffne seinen Mund und seine Ohren, so daß er die Sprache hören und sprechen möge, die offenbart wurde und aus den Mündern aller Menschensöhne seit dem Tag des Falls verschwand.‹«

Von diesem Augenblick an standen die Quellen des Wissens für ihn offen: »Und er nahm die Bücher seines Vaters und er kopierte sie. Und er begann sie danach zu studieren. Und ich ließ ihn all das verstehen, was er nicht verstand. Und er studierte sie in den sechs Monaten des Regens.«

Abraham war für sein Wissen und seine Weisheit in der gesamten antiken Welt berühmt. So schrieb der vorchristliche babylonische Geschichtsschreiber Berossus über ihn: »Im zehnten Geschlecht nach der Sintflut gab es bei den Chaldäern einen gerechten und hervorragenden Mann, der in der Himmelskunde erfahren war.« Flavius Josephus, der jüdische Historiker des 1. Jahrhunderts, hielt ihn sogar für einen zweiten Henoch, und behauptete gar, er sei bei seinem kurzen Besuch im Lande der Pharaonen zum Lehrer der Ägypter geworden: »Er unterrichtete sie in der Arithmetik und der Sternkunde, Wissenschaften, die ihnen vor seiner Ankunft völlig fremd waren, denn sie gelangte von den Chaldäern zu den Ägyptern und von da zu den Griechen.« Selbst wenn das übertrieben sein sollte, zeigt es, welchen Respekt die Menschen der Antike dem Mann entgegenbrachten, der zum Begründer eines Volkes und zum Stammvater dreier Weltreligionen, des Judentums, Christentums und Islams, werden sollte, denen zusammengenommen – trotz aller internen Abspaltungen und Feindschaften – mittlerweile die Hälfte der Erdbevölkerung angehört.

Der dänische Reiseschriftsteller Arne Falk-Ronne beschreibt in seinem Buch *Auf Abrahams Spuren* eine Begegnung, die er am Rande der Ruinen von Ur hatte. Dort, an den Ufern des Euphrat, traf er den Bauern Khasim, einen gläubigen Moslem, der nie eine Schule besucht hatte, Analphabet war. Trotzdem kannte Khasim die alten Geschichten, die von Generation zu Generation überliefert wurden, und so erklärte er selbstsicher dem erstaunten Dänen, daß seine Vorfahren alle ihre Kenntnisse »von den Göttern« hätten. »Meinst du Allah?«, fragte Falk-Ronne verunsichert, »gehörst du nicht zu den gläubigen Brüdern des Islams?« »Ja, ich bin Mohammedaner«, entgegnete Khasim, »doch Allah ist nur ein Name für die Götter, die vom Himmel zu uns kamen und uns ihre Lebensregeln, unsere Zielsetzung gaben.«

Mit anderen Worten: ihre MEs. »Wir befolgen die Lehren Abrahams und folgen seiner Religion, ihm, der nur den einen Gott verehrte und nicht die Götter neben Allah«, stellt der Koran (2, 136 f.) fest. Der eine Gott, dem Abraham folgte, war Ili oder Illulu, der sumerische Enlil. Die Araber im Hedschas, dem Westen der arabischen Halbinsel, betrachten sich als Nachfahren von Ismael, Abrahams erstgeborenem Sohn. Der Sohn des Patriarchen, geboren von der Dienerin Hagar, wurde erst verstoßen, als Abrahams Frau Sarah nach Jahren der Unfruchtbarkeit ein Kind zur Welt brachte, nämlich Isaak, den Stammvater der Juden.

»Früh am Morgen stand Abraham auf, nahm Brot und einen Schlauch mit Wasser. Er gab alles der Hagar, indem er es auf ihre Schultern legte, dazu das Kind, und er schickte sie weg. Sie ging und irrte in der Steppe von Beerseba umher.« (1. Mos. 21, 14) Unbarmherzig brannte die Sonne auf Mutter und Sohn, die mit immer langsameren Schritten ihrem sicheren Verderben entgegenstapften. Der Wind wehte ihnen den feinen Sand ins Gesicht, in die von der Helle des Lichts geblendeten, geschwollenen Augen. Mehr noch, er verwehte ihre Spuren. Bald, so waren sich die beiden Umherirrenden sicher, würde er ihre verbleichten Knochen unter dem ewigwandernden Sand begraben, und mit ihnen die letzte Erinnerung an den Erstgeborenen Abrahams. In einem letzten Anflug mütterlicher Vorsorge suchte Hagar nach einem dürren Wüstenstrauch, unter den sie das Kind setzte, damit sein qualvolles Sterben zumindest durch ein wenig Schatten gemildert würde. Dann suchte sie sich einen Ort, um zu sterben, in einiger Entfernung, damit der Junge nicht Zeuge ihrer Verzweiflung und ihres Leidens zu werden brauchte. Es war vorbei, verloren, das Ende zum Greifen nahe. Doch Gott hatte Erbarmen mit Hagar und Ismael. Gerade als sie sich selbst schon aufgegeben hatten, als Hagar resignierend und erschöpft in den Staub sinken wollte, hörte sie eine Stimme. Sie wußte nicht, woher sie kam, ob vom Himmel oder aus dem Beutel mit dem Heiligen Stein, den Abraham seinem Sohn mit auf den Weg gegeben hatte. Jedenfalls blickte sie auf, rieb sich die brennenden Augen, als sie etwas entdeckte: Am Horizont erhob sich etwas, das einem Steinhaufen glich. Ein Brunnen, das wußte sie sofort. Mit letzter Kraft schleppte sich die zu Tode erschöpfte Mutter zu ihrem Sohn, griff nach seiner Hand, zog ihn förmlich zum labenden Wasser, dann waren sie gerettet. »Gott war mit dem Knaben. Er wuchs heran und wurde ein Wüstenbewohner, ein Bogenschütze. Er siedelte zur Steppe Paran« (1. Mos. 21, 20-21), im Westen Arabiens, dort, wo sich heute die Städte Mekka und Medina erheben.

Die heiße, trockene Wüstenluft flimmerte über dem ausgebleichten ewigen Wüstensand, als langsam ein schwarzer Punkt am Horizont auftauchte. Er schien sich zu bewegen. Bald gesellte sich ein zweiter hinzu, ein dritter, eine ganze Gruppe. Es waren in schwarze Gewänder gehüllte Männer auf dem Rücken von Kamelstuten. Sie kamen näher und näher. Ihr Anführer war ein Mann von natürlicher Würde. Mit seinen durchbohrenden Augen konnte er, wie seine Männer sagten, jedem von ihnen tief in die Seele schauen. Sein sonnengegerbtes Gesicht war von einem schon leicht ergrauten Vollbart umgeben. Wie Abraham 2700 Jahre vor ihm, war auch diesem Mann eine Mission aufgetragen worden, die mit den »heiligen Steinen« zu tun hatte. Er war von seinem Gott dazu berufen worden. Doch das Volk seiner Heimat, zu dem er zuerst predigte, glaubte ihm nicht. Es vertrieb ihn aus Mekka, der heiligen Stadt, in deren Sternentempel, der Kaaba, seit den Tagen Ismaels jenes ME aufbewahrt wird, das Abraham seinem Sohn anvertraut hatte. Denn auch Ismael sollte »zu einem großen Volk gemacht« (1. Mos.

21, 13) werden. In Mekka, so ergänzt der Koran, errichtete er Gott ein Heiligtum, die Kaaba, den Schrein des »Schwarzen Steins«. »Und als ich für die Menschen ein Versammlungshaus errichtete«, sprach Allah (Koran 2, 126), »da schlossen wir einen Bund mit Abraham und Ismael, daß sie dieses Haus rein halten.« Um diesen Bund zu erfüllen, war der Prophet nach Medina gegangen, in die Nachbarstadt, und hatte dort eine beträchtliche Anzahl Anhänger um sich geschart. Als diese groß genug war, und als man die Worte der göttlichen Offenbarung auf die gekrümmten Schwerter geschrieben hatte, war es soweit. Mohammed, der Prophet Allahs, brach auf, um Mekka im Sturm zu nehmen. Und er siegte. Sein Angriff war so überraschend erfolgt, daß er im Frühjahr 630 die Stadt fast ohne Blutvergießen erobern und die Kaaba von den dort aufgestellten heidnischen Idolen reinigen konnte. Nun war wieder der angeblich vom Engel Gabriel zur Erde gebrachte »Schwarze Stein« das Zentralheiligtum, zu dem seitdem Jahr für Jahr Hunderttausende Gläubige pilgern, die Mohammeds neuer Religion, dem Islam, folgen. Und die 4000 Jahre alte Kaaba, das quadratische Bauwerk, in das der Stein Gottes eingemauert ist, kann den Anspruch erheben, der älteste noch als Heiligtum verehrte Tempel der Welt zu sein.

Daß tatsächlich die Sippe Abrahams über die geheimnisvolle Teraphim verfügte, zeigt sich im 31. Kapitel des Buches Genesis. Darin wird Jakob, der Enkel Abrahams, beschuldigt, die Teraphim seines Onkels Laban gestohlen zu haben. Dabei war es Labans Tochter Rachel, die »die Hausgötter genommen und sie in die Satteltasche des Kamels gesetzt« hatte. Später vergrub Jakob die Teraphim in Sichem, dem Ort im Lande Kanaan, an dem er sich niedergelassen hatte. (1. Mos. 35, 4)

Modell der sumerischen Stadt Eridu. Rekonstruktion
der 1. Bauphase.

Die Ausgrabungen steinerner Zeitzeugen bringen Licht
in das Dunkel einer großartigen Vergangenheit.

Keilschrifttafel mit der sumerischen Königsliste.

Der Widder von Ur
(ca. 2000 v. Chr.), ausgegraben
von Sir Leonard Wooley.

Assyrisches Relief aus dem Palast des Assurbanipal. Darstellung
eines Anunnaki mit dem symbolischen Adlerhelm, der eine Tasche
mit dem »ME« (dem Handy Gottes?) in der Hand hält.

Sumerisches Tonmodell einer
Schafleber für den physiologi-
schen Unterricht von Studenten.
Wahrscheinlich aus Sippar.

Sumerische
Tontafel, etwa
2800 v. Chr.,
mit Sternen
und dem »Din-
Gir«-Pfeil, den
manche als
Raketensymbol
deuten.

Relief des Assyrerkönigs Assurbanipal (883–859 v. Chr.)
aus Ninive.

Stelen – Nachrichtenträger der Zeiten und Funkfeuer der Götter.

Das Wunder Kristall: Er ist Energie, Informationsspeicher
und Verstärker. Es kam ihm schon immer eine
besondere Bedeutung zu – in ferner Vergangenheit ebenso wie
heute, im High-Tech-Zeitalter der Mikrochips.

»Ben Ben«, bzw. Pyramidion aus der 26. Dynastie,
mit der Darstellung der Sonnenbarke. Dieses konische Objekt
symbolisiert das »Fluggerät« des Gottes Re.

Es dauerte fast 500 Jahre, bis diese Teraphim wiederentdeckt wurden. Davon berichtet uns der anonyme Autor eines Buches aus dem 1. Jahrhundert n. Chr., das irrtümlich dem großen jüdischen Historiker Philo von Alexandria zugeschrieben wurde, und seither als »Pseudo-Philo« bekannt ist. Doch wer auch immer sein Verfasser war, seine Frühgeschichte Israels ist voll interessanter Einzelheiten und ergänzt die Bücher der Bibel durch zahlreiche zusätzliche Informationen, die teilweise längst verlorengegangenen jüdischen Quellen entstammen. Diese Aufzeichnungen befanden sich wahrscheinlich einst in der Bibliothek des Tempels von Jerusalem. Als dieser von den Römern im Jahre 70 in Brand gesetzt wurde, sind wohl auch sie den Flammen zum Opfer gefallen.

Nach dem Tode Joshuas, der in der Nachfolge Moses die Israeliten in das »Gelobte Land« führte, kam es zu einer Führungskrise. Schließlich wurde Kenaz zum neuen Anführer gewählt, der sogleich die Stämme zusammenrief und sich nach den jüngsten Entwicklungen und Vorgängen erkundigte. Da berichteten ihm die Männer vom Stamme Asher von einem seltsamen Fund: »Wir haben die sieben goldenen Idole gefunden, die die Amoriter die heiligen Nymphen nennen, und wir nahmen sie uns zusammen mit den kostbaren Steinen, die auf sie gesetzt wurden und die sie verbargen. Und siehe, wir haben sie unter dem Gipfel des Berges Sichem versteckt. Sende nach ihnen und du wirst sie finden.«

Sofort schickte Kenaz einen Trupp Männer dorthin, die nach den Teraphim suchten, sie fanden und zum Lager brachten. Weiter heißt es: »Dies sind die »Nymphen«, die, wenn sie gerufen werden, den Amoritern zu jeder Stunde zeigten, was sie zu tun hatten.«

Die »Nymphen« waren also Orakelgottheiten, Idole, die durch die »flüsternden Steine« zum Sprechen gebracht wurden, ganz wie Maimonides die Teraphim beschrieb. Aus den weiteren Ausführungen des »Pseudo-Philo« geht hervor: »Diese kostbaren Steine, darunter Kristalle und Smaragde, stammen aus dem Land Havilah, sie waren von besonderem Schliff. Einer von ihnen war oben glattgeschnitten und ein anderer, wie gepunkteter Chrysopras, war so geschliffen, daß er die unter ihm in der Tiefe liegenden Gewässer enthüllte, und das sind die kostbaren Steine, die die Amoriter in ihren Heiligtümern hatten, und deren Wert unschätzbar ist; denn für jene, die sie bei Nacht betrachteten, war das Licht einer Lampe nicht notwendig, so hell leuchten diese Steine. Aus eigener, natürlicher Kraft strahlten sie Licht aus. Einer aber war so geschnitten und geschliffen, daß er mehr Licht abgab.«

Tatsächlich werden auch in anderen Texten und Traditionen die MEs als »leuchtende, scheinende Steine« beschrieben. In der jüdischen Haggadah heißt es, daß die Arche Noahs während der Sintflut von einem kostbaren Stein beleuchtet wurde, der »die Nacht zum Tage werden ließ«. Schon im sumerischen Zu-Mythos werden die MEs auch als Melam, als »leuchtende oder strahlende MEs« beschrieben, so heißt es, daß Enlils Ekur »seinen Glanz und sein Licht« verlor, als Zu die MEs entwendet hatte.

Kenaz war einfacher Krieger, geradlinig, ehrlich, aber tumb. Für ihn waren die Steine, die immerhin von den heidnischen Amoritern benutzt wurden, Götzenwerk. Er mußte sie zerstören. Doch weder durch Feuer, nicht einmal durch das größte Brandopfer, noch durch einen kraftvollen Hieb mit seinem Schwert konnte er sie zerstören. Im Gegenteil: Als er mit dem eisernen Schwert auf sie einschlug, schmolz seine

Klinge. Kenaz tobte, erhob im Zorn seine muskelbepackten Arme gen Himmel, fiel auf die Knie, und flehte Gott an: Konnte er nicht einfach einen Engel senden, um sie von der Erde hinwegzunehmen?

Und dann geschah das Wunder. In der Nacht stieg tatsächlich der angeforderte Engel vom Himmel, griff nach den sieben Steinen und schleuderte sie hinab in die Tiefe des Meeres. An ihrer Stelle aber legte er zwölf neue Steine, jeden von ihnen beschriftet mit dem Namen eines der Stämme Israels ...

»Und Kenaz stand morgens auf und fand diese zwölf Steine auf der Bergspitze, auf die er selbst zuvor die sieben gelegt hatte. Und ihre Gravur glich der Form von Augen. Und der erste Stein, auf dem der Name Reubens stand, war wie ein Sardius. Aber der zweite war aus Elfenbein geschnitten, und der Name des Stammes Simeon stand darauf, und er erschien wie Topaz. Auf dem dritten Stein, der wie Smaragd war, stand der Name des Stammes Levi. Der vierte Stein, auf dem der Name Judah eingraviert war, war ein Kristall, wie ein Karfunkel. Der fünfte Stein war ein Smaragd, darauf war eingraviert: ›Stamm Issacher‹ und von der Farbe eines Saphirs. Die Gravur des sechsten Steines (wie Chrysopras), der gefleckt war, lautete ›Stamm Zebulun‹ und er war wie Jasper. Der siebte Stein war wie das Wasser der Tiefe, und auf ihm war der Name des Stammes Dan verzeichnet. Der achte Stein war von einem Diamanten geschnitten, und in ihm stand der Name des Stammes Naphtali, wie ein Amethyst. Und die Gravur des neunten Steines war ein Schliff vom Berg Ophir, und auf ihm stand ›Stamm Gad‹, er war wie Agate. Die Gravur des zehnten Steins war ausgehöhlt, es sah aus wie ein Stein aus Teman, und es stand geschrieben ›Stamm Asher‹, und es war Chrysolith. Der elfte Stein stammte aus dem Libanon, beschrieben mit dem Namen Joseph, und er war wie Berylium. Und auf dem zwölften Stein, geschnitten aus den Höhen des Zion, las sich ›Stamm Benjamin‹ und war wie Onyx. Und Gott sprach zu Kenaz: Nimm diese Steine und lege sie in die Bundeslade, zusammen mit den Tafeln des Bundes, die ich Moses auf dem Horeb gab; und sie werden dort bleiben bis zu den Tagen Jahels (Salomons), der ein Haus in meinem Namen bauen wird.«[*]

Die junge Nation Israel hatte also neue MEs bekommen, die in jene mysteriöse Bundeslade eingesetzt wurden, deren Bauplan Moses von Gott selbst auf dem Berg Horeb (Sinai) diktiert bekam. Doch Gott warnte Kenaz auch: Die flüsternden Steine würden nur so lange im Besitz seines Volkes sein, wie es nach seinen Geboten lebt, seinen Gesetzen zu folgen bereit ist: »Wenn die Sünden meines Volkes das volle Ausmaß erreichen und Feinde Macht über mein Haus bekommen, werde ich diese Steine und die früheren Steine, zusammen mit den Tafeln, hinwegnehmen und sie an den Ort bringen, von dem sie im Anbeginn der Zeit genommen wurden. Und dort werden sie bleiben, bis ich mich wieder der Welt erinnere …«

Und Kenaz stand auf und tat, wie ihm befohlen. Er hob die Steine von der Stelle, an die der Engel sie gelegt hatte, auf und trug sie, einen nach dem anderen, in die »Stiftshütte«, das Zelt der Bundeslade. »Und als er sie nahm, war es, als würde das Licht der Sonne aus ihnen herausquellen und die Erde von ihrem Licht erglühen. Und Kenaz legte sie in die Bundeslade des Herrn, zusammen mit den Tafeln, wie es ihm befohlen wurde, und dort befinden sie sich bis auf den heutigen Tag …«

[*]Zit. aus: Pseudo-Philo, Kap. 25–26. Zit. nach: James H. Charlesworth: *The Old Testament Pseudepigrapha*. S. 336–338

Der Heilige Gral

Merlin hatte sein Ziel erreicht. Er hatte das Reich seines Schützlings Arthur, das aus den Wirren Englands nach der Römerherrschaft hervorgegangen war, so weit konsolidiert, daß es dem Ansturm der Angelsachsen zunächst einmal standhalten konnte. Was jetzt noch fehlte, um aus Camelot ein irdisches Gegenstück zum himmlischen Jerusalem werden zu lassen, war ein ME, ein heiliger Stein, die irdische Verbindung zum himmlischen Willen Gottes. Und so begann, was Jahrhunderte später Dutzende mittelalterliche Dichtungen zur »Quest del Saint Graal«, zum Prototyp der ritterlichen »aventuire« überhaupt hochstilisierten: Die Suche nach dem Heiligen Gral.

Für die meisten Menschen des Mittelalters war der »Heilige Gral« der Kelch, den Jesus von Nazareth beim letzten Abendmahl gesegnet hatte, aus dem er jenen Wein trank, der fortan und für alle Zeit zum Symbol seines Blutes werden sollte, und der sich nach dem Glauben der Katholiken während des heiligen Meßopfers auf mystische Weise zu Blut transformiert. Als Jesus gekreuzigt wurde, so lautet die Legende, hätte Joseph von Arimathäa, jener wohlhabende Ratsherr, der dem Nazarener später sogar seine Grabstätte zur Verfügung stellte, mit eben diesem Kelch sein kostbares Blut aufgefangen, das ihm aus der Seite rann, die der Legionär mit seiner Lanze durchbohrt hatte. Weiter heißt es, Joseph sei ein Kaufmann gewesen, der Zinn aus Cornwall importiert hätte. Und so war Südengland das Land, in dem er Zuflucht suchte, als er nach der

Himmelfahrt Jesu von den jüdischen Hohepriestern verfolgt wurde. Den heiligen Kelch hatte er bei sich, ihm zu Ehren errichtete er eine Kapelle auf der Insel Avalon, dem höchsten Heiligtum der Kelten, dort wo sich heute – das Mekka der Esoteriker – Glastonbury befindet.

Diese populäre Legende, die noch heute im Südwesten Englands erzählt wird, und das mystische Flair des zauberhaften Städtchens, in dessen Mitte sich mahnend die Ruinen der von König Heinrich VIII. zerstörten Abtei erheben, unterstreicht diese Legende nur, obwohl sie nicht wahr sein konnte, wie jeder wußte. Der »echte« Kelch des heiligen Abendmahls, eine Schale aus dunkelrotem Karneol, die eindeutig aus römischer Zeit stammt, wird seit dem 8. Jahrhundert in Spanien verehrt. Dieser Kelch soll vom heiligen Petrus persönlich nach Rom gebracht worden sein, und vor der Christenverfolgung des Kaisers Valerian im Jahre 258 soll ihn Papst Sixtus II. seinem Diakon Laurentius anvertraut haben, einem Spanier aus Huesca, der ihn in seinem Geburtsort versteckte. Hier wurde er bis zur Invasion der Mauren im Jahre 718 aufbewahrt und dann in das auf einer Bergspitze liegende Kloster San Juan de la Peña überführt. 1399 wurde der Kelch nach Saragossa gebracht, seit 1424 befindet er sich in der Kathedrale von Valencia, wo ihm eine eigene Kapelle geweiht ist.

Merlin wußte, daß weder dieser kostbare Karneolkelch noch die Schale aus schlichtem Holz in der kleinen Kirche von Glastonbury wirklich der Heilige Gral waren. Möglicherweise war der Magier, dieser letzte Hohe Priester eines alten, heidnischen Glaubens von der christlichen Symbolik nur befremdet. Er wußte nämlich, daß der echte Gral ein Stein war, der in Urzeiten zur Erde gebracht worden war.

Auch der Dichter des *Parzival*, Wolfram von Eschenbach, beschrieb ihn so, als er Jahrhunderte später die Gralserzählung von allen Mißverständnissen und dem Wust sie umrankender Legenden zu reinigen suchte. Sein Bericht über den Heiligen Gral und die ihn behütenden Ritter beginnt mit den Worten:

> *»Ich will iu künden umbe ir nar*
> *si lebet von einem steine,*
> *des geslähte ist vil reine.*
> *Hat ir des niht erkennet,*
> *der wirt iu hie genennet,*
> *er heißet lapsit exillis*
> *der stein ist ouch genannt der gra'l.«*

> *»Ich will euch künden, wovon sie leben:*
> *Sie leben von einem Steine,*
> *der von ganz reiner Art ist.*
> *Wenn ihr ihn nicht kennt,*
> *so soll er hier genannt werden.*
> *Er heißt Lapsit exillis.*
> *Der Stein ist auch der Gral genannt.«*

»Lapsit« ist offensichtlich eine Verballhornung des lateinischen »lapis« (Stein). »Lapsit exillis« wird von den Philologen daher als »lapis exulis«, »fern der Heimat befindlicher Stein«, aber auch als »lapis ex stellis«, »Stein von den Sternen«, oder »lapis lapsus ex illis stellis«, »Stein, der von jenen Sternen gekommen ist« übersetzt. Dabei soll es sich um jenen Smaragd handeln, der aus der Krone Luzifers fiel, als dieser vom Erzengel Michael in die ewige Verdammnis gestürzt wurde. Bei genauerer Betrachtung hat diese Legende ihren Ursprung im sumerischen Mythos von Zu, der die MEs aus Enlils Ekur entwendete und vom Göttersohn Ninurta deswegen vernichtend geschlagen und von seinem Bergsitz hinabgestürzt wurde. Nach einem gnostischen Text aus dem 3. Jahrhundert des alten Ägypten soll sich der magische Stein aus Luzifers »Schwert aus grünem Feuer« geformt haben, als es ihm von Michael aus der Hand geschlagen wurde. »Es kreuzte ... den Raum, und verlor seine Kraft und sein Licht ... es wurde dichter und dichter. Schließlich wurde es ein Stein, ein erstaunlicher, wunderbarer Smaragd, geformt wie ein Kelch, und er fiel auf die Oberfläche der Erde ... es war ein Schwert und wurde ein Trinkgefäß.«

Wie erlangte Wolfram von Eschenbach (1170–1220) sein Wissen? Er selbst berichtet im *Parzival*, daß »seine Quelle« Guiot de Provence war, ein weitgereister französischer Poet des 12. Jahrhunderts. Als Troubadour schrieb Guiot Liebeslieder, verfaßte Schmähschriften gegen die Kirche, Lobpreisungen auf den Templerorden und die Kreuzritter und zahlreiche satirische Verse. Er war durch Spanien gezogen, hatte als Pilger Jerusalem besucht, bevor es von den Sarazenen zurückerobert wurde, und lebte einige Zeit am Hofe Friedrich Barbarossas, wo sein deutscher Schüler, Wolfram von Eschenbach, wohl 1184 anläßlich der pfingstlichen Ritterspiele in Mainz zu ihm stieß. Dort vertraute er ihm die Geschichte an, die er ein paar Jahre zuvor Chrétien de Troyes (1140–1190) erzählt hatte. Dieser hatte nach dieser Vorlage dann 1174 seinen *Perceval* geschaffen, die erste Version der Gralsgeschichte. Offenbar war Guiot äußerst unzufrieden mit diesem Ergebnis, und bat daher Wolfram, die wahre Geschichte des himmlischen Steins niederzuschreiben. Was Guiot offensichtlich am *Perceval* auszusetzen hatte, zeigt sich beim Vergleich mit Wolframs Version. Während der Gral bei Chrétien de Troyes ein edelsteingeschmückter Kelch ist, eben die Schale des letzten Abendmahls, verkörpert er bei Wolfram einen Stein: den Lapsit exilis, den »Wanderstein der Weisen«. Weiter hielt der Dichter fest, wie Guiot (den er Kyot nannte) selbst von diesem Stein erfuhr:

> *»Kyot, der wohlbekannte Meister,*
> *fand zu Toledo verworfen*
> *in heidnischer Schrift*
> *die Urfassung der Aventüre.*
> *Den Sinn des Alphabets*
> *mußte er zuerst lernen,*
> *und außerdem die Schwarze Kunst.*
> *Es half ihm, daß er getauft war,*
> *andernfalls wäre diese Märe noch heute*
> *unvernommen.*
> *Keine heidnische List würde dazu verhelfen,*
> *von des Grales Art zu künden,*
> *wie man seiner Geheimnisse inneward.«*

Das maurische Andalusien war damals eine Art Gelobtes Land im europäischen Raum. Unter dem Einfluß der Araber hatten sich dort blühende Städte entwickelt, die bald zu Zentren der Gelehrsamkeit wurden. Während es im gesamten Frankenreich kaum befestigte Straßen gab, Wanderer und Pferdekarren bei den geringsten Regenfällen knöcheltief im Schlamm versanken, verhielt sich in Spanien alles völlig anders. So waren in Toledo und Cordoba die Straßen gepflastert und nachts beleuchtet. Badehäuser und Saunen luden zur Entspannung ein, der Handel mit kostbaren Stoffen, feinen Glaswaren, mit Schmuck und Gewürzen aus dem Orient blühte. Die gelehrtesten Männer ihrer Zeit lehrten an Schulen, studierten in Bibliotheken uralte, überlieferte Schriften. Die moslemischen Araber waren zudem toleranter als die durch Kreuzzüge fanatisierten Christen. So wurden ihre Städte bald für Juden interessant, die hier fruchtbare Enklaven mit reichen Synagogen und Thoraschulen errichteten. In der Kabbala unterrichteten weise Rabbiner die jüdische Geheimlehre. Der Weiseste unter ihnen war Maimonides (1135–1204), der noch die Anwendung der Teraphim kannte, womit bewiesen sein dürfte, daß das Wissen um die »flüsternden Steine« bei einigen Rabbinern immer noch lebendig war. Wahrscheinlich wurden sie sogar noch verwendet. Von Papst Sylvester II. (999–1003), einem gelehrten Benediktiner aus Frankreich, der die Kirche sicher in ihr zweites Millenium führte, wird behauptet, er habe aus Spanien einen »sprechenden Kopf« mitgebracht, der ihm alle Fragen mit »Ja« oder »Nein« beantwortet habe. Da selbst das *Liber Pontificalis*, das Buch der Päpste, ihn als Astrologen, Nekromanten (= Toten- bzw. Geisterbeschwörer) und Zauberer beschreibt, muß die Geschichte einen wahren Kern haben. Damit wäre aber auch bewiesen, daß die europäische Ordenselite mit den weisen Rabbinern im maurischen Spanien regen geistigen Austausch unterhielt. Nach dem Geheimnis des Kopfes befragt, verbat sich Sylvester II. energisch jeden Vorwurf, daß dabei Teufelswerk im Spiel sei. Der Papst gab vielmehr die Erklärung ab, es handelte sich vielmehr um eine »Art Automat, der nach einem Rechensystem mit zwei Zahlen arbeite«. (Ganz wie ein binär arbeitender Computer.)

Auch der Dominikanermönch Albertus Magnus (1200–1280) aus Lauingen, von seinen Zeitgenossen als »Doctor universalis«, Universalgelehrter, gefeiert, soll im Besitz eines »Teraphim«, eines ehernen Kopfes gewesen sein, so wird jedenfalls behauptet. Dieser Teraphim habe reden können und Albertus Magnus habe von ihm die verborgensten Dinge und alles, was er zu wissen wünschte, erfahren können. Er hielt diesen

ehernen Kopf hinter einem Vorhang in seiner Mönchs-
zelle im Dominikanerkloster zu Köln verborgen und
untersagte selbst seinem engsten Schüler, Thomas von
Aquin, diesen Vorhang je zu lüften. Doch der Kölner
Überlieferung zufolge suchte Thomas den Meister einmal in seiner Abwesenheit auf. Von Neugier gepeinigt
und ungeachtet aller Verbote des Albertus Magnus lüf-
tete er den Vorhang. Auf einer Säule stand dort ein me-
tallener Kopf und begann unvermutet in einer fremden
Sprache zu »sprechen«. Thomas erstarrte vor Schreck.
Für einen Moment war das Vertrauen zu seinem weisen Lehrer völlig erschüttert, er war überzeugt, daß
Albertus mit dem Teufel in Bund sein mußte. Was er
sah, war jedenfalls Teufelswerk, und als guter Gottesmann wußte er, was zu tun war! Er griff nach einem
Stock, den sein Lehrer oft als Krücke benutzte und
schlug so lange zu, bis das Bildnis zertrümmert zu
Boden fiel und keinen Laut mehr von sich gab. In dem
Augenblick betrat der Mönch seine Zelle. Wie vom
Donner gerührt verharrte er. Ohnmächtig vor Zorn
brüllte er dann: »Thomas! Du hast mir ein Werk zerstört, an dem ich dreißig lange Jahre gearbeitet habe!«
   Welchen Ursprung das Wissen des Albertus Magnus
um die Theraphim hatte, ist leicht nachvollziehbar.
Sowohl Theologen als auch Philosophen bestätigen,
daß die Philosophie des Albertus Magnus und des Thomas von Aquin deutlich durch die Lehren des Moses
Maimonides beeinflußt war, jenes Juden, dem so genaue Angaben über die Funktionsweise der Teraphim
zu verdanken sind. Aber außer ihm scheint auch der
berühmte Rabbi Jehuda ben Bezalel (1520–1609) beziehungsweise der Rabbi Löw von Prag diese Quelle ge-
kannt zu haben, erschuf er doch den Golem.
   In unserer Vorstellung, geprägt durch den gleichnamigen Stummfilm aus den zwanziger Jahren und die

berühmte Reportage von Egon Erwin Kisch: *Auf der Suche nach dem Golem*, ist der Golem ein plumper, riesenhaft frankensteinesker Roboter, der, alles zerschmetternd, im Morgennebel durch die engen, verwinkelten Gassen des jüdischen Ghettos von Prag stapfte. Doch die ersten Berichte vom »künstlichen Menschen« des Rabbi Löw vermitteln ein anderes Bild. Ihnen zufolge war der Golem so klein, daß man ihn leicht überall verstecken konnte. Schames Abraham Chajim, ein Schüler Rabbi Löws, war in der Lage, ihn nach dem Tod seines Lehrers nur mit Hilfe seines Schwagers Abraham ben Secharij vom Dachboden der »Altneuen Synagoge« herunterzutragen. Er versteckte ihn erst im Keller einer Schule, dann im Haus von Chajims Schwiegersohn. Schon dieser Umstand läßt darauf schließen, daß es sich bei ihm tatsächlich nicht um ein lebensgroßes Idol gehandelt hatte.

Den Golem soll Rabbi Löw zusammen mit Schames und Abraham außerhalb der Mauern der Prager Altstadt am Ufer der Vltava aus Ton geformt haben. Mit Hilfe von Beschwörungsformeln und einem »Schem«, bei dem es sich angeblich um ein beschriebenes Stück Papier, viel wahrscheinlicher aber um einen Stein handelte, erweckte er ihn zum Leben. Als der Golem einmal den »Schem« verlor – oder, nach einer anderen Version der Geschichte, Rabbi Löw ihm diesen Stein entnahm –, wich auch seine »Lebenskraft«, wie ein Mobiltelefon nicht mehr funktioniert, wenn man ihm den Chip entnimmt.

Der weise Rabbiner galt bei seinen Zeitgenossen als der gelehrteste Mann seiner Zeit. Er war als Mathematiker, Astronom und Philosoph, aber auch als Kenner der Kabbala und der Alchimie berühmt, verfaßte rund 20 Bücher und gründete die talmudische Hochschule (betha midrasch) von Prag. Durch ihn wurde die goldene Stadt im 16. Jahrhundert zum Zentrum der jüdischen Gelehrsamkeit, zum Cordoba der frühen Neuzeit. Selbst Kaiser Rudolf II., zwar katholischer Habsburger, aber auch begeisterter Alchimist, machte ihn zu seinem persönlichen Berater. Er sollte ihm helfen, den »Stein der Weisen« zu finden. Wenn das überhaupt jemand gekonnt hätte, dann nur Rabbi Löw. Vielleicht aber hatte Kaiser Rudolf II. auch dem *Parzival* entnommen, daß, wer den Heiligen Gral sucht, bei den Juden anfangen mußte.

Bei den Juden von Toledo, so Wolfram von Eschenbach, gelangte Guiot de Provence in den Besitz eines alten Buches, das vom Ursprung des »Zaubersteins« handelte. Nachdem er es mühsam übersetzt hatte, wußte er (im *Parzival*) zu berichten:

»Ein Heide, Flegetanis,
einst hochberühmt durch seine Künste,
dieser Kenner der physischen Natur,
war geboren zur Zeit Salomons
aus israelischer Sippe
in alter Zeit, bevor unser Schild
die Taufe wurde gegen das Höllenfeuer.
Der schrieb von der Aventüre des Grals.
Väterlicherseits war er ein Heide,
Flegetanis, der ein Kalb anbetete,
als wäre es sein Gott ...
Flegetanis, der Heide,
konnte uns wohl erklären,
wie jeglicher Stern untergeht
und wieder aufgeht,
wie lange er entlangzieht,
ehe er wieder an seiner Stätte steht.
Mit dem Umlauf der Sterne
wird auch bestimmt der Menschen Art.
Flegetanis, der Heide, sah

– davon sprach er nur mit Scheu –
in den Sternen mit seinen Augen
geheimnisvoll Verborgenes.
Er sagt, es hieße ein Ding ›der Gral‹,
dessen Namen er deutlich gelesen hatte.
Eine Schar ihn auf der Erde ließ,
die fuhr auf hoch über die Sterne,
weil ihre Unschuld sie zurück zog.
Seither pflegt ihn getaufte Frucht,
mit Keuschheit und in reiner Zucht.
Die Menschen sind es immer wert,
die sich der Gral zum Dienst begehrt.«

Zumindest die freimaurerische Tradition sieht in Flegetanis den Architekten des Salomonischen Tempels,
Hiram Abif, einen Nachkommen des Hermes Trismegistos, also Henochs. Er war der Sohn eines Phöniziers
(»väterlicherseits war er ein Heide«) und einer Jüdin
aus den Stamme Naphtali (»geboren ... aus israelischer
Sippe«), der »Sohn der Witwe«, mit dem das geheime
Meisterwort verlorenging. So macht es Sinn, wenn
Louis Charpentier, ein französischer Gralsforscher,
das Wort »Gral« als »Gar-El« deutet, was im Hebräischen »der Stein Gottes« bedeutet.

Dieser Gral war die Kraftquelle seiner Bewacher,
ließ sie ewig leben:

»Und war ein Mensch denn noch so krank,
an jenem Tag, an dem er den Stein erblickt,
kann ihn der Tod die Woche drauf
nichts anhaben. Auch altert er nicht,
sein Leib der bleibt wie er war,
als er den Stein gesehen hat ...
Der Stein verleiht
den Menschen solche Kraft,

> *daß er in Fleisch und Bein*
> *die Kraft der Jugend sich bewahrt.*
> *Diesen Stein nennt man auch den Gral.«*

Aber das war nur eine Nebenfunktion des göttlichen Steines. Mit seiner Hilfe ließ sich, ganz wie mit den MEs, das Schicksal allen Lebens steuern. Und außerdem diente er seinen Rittern als Orakel, als Teraphim:

> *»Wir fielen nieder vor dem Gral,*
> *auf Knien sahen wir geschrieben,*
> *daß einst ein Ritter käme zu uns*
> *und wenn er hört*
> *die Frage, die wir ihm dann stellen,*
> *würden unsere Sorgen enden;*
> *doch wenn ein Kind, eine Magd oder*
> *ein Mann ihn vorher warnten,*
> *verlör die Frage ihre Wirkung,*
> *blieb die Verletzung wie sie war*
> *und größer wird der Schmerz.*
> *›Habt ihr verstanden?‹,*
> *fragte die Schrift,*
> *›wenn ihr ihn warnt,*
> *entsteht euch Schaden.*
> *Wenn er die Frag' vergißt*
> *am ersten Abend,*
> *so schwindet ihre Kraft.*
> *Doch wenn er sie stellt zur rechten Zeit,*
> *ist sein das ganze Königreich.‹«*

Diesen sagenhaften Stein zu finden sandte einst Merlin die Ritter der Tafelrunde aus, in alle Lande. Er wußte, ohne ein ME war kein Fortschritt möglich, keine Kontaktaufnahme mit dem göttlichen Plan, war das Reich von Camelot, so genial auch immer von ihm geformt, dem Untergang geweiht. Endlos zog sich die Suche hin, scheiterte ein Ritter nach dem anderen, obwohl die besten an ihr beteiligt waren. Lancelot verliebte sich in die Königin, Gawain zog es zu weltlichen Gütern und Gelüsten. Erst Galahad war es vergönnt, den Gral zu finden, doch blieb er als sein Beschützer in der Gralsburg zurück. Vergeblich wartete König Arthur auf die Ankunft des Schatzes an seinem Hof, hilflos mußte er zusehen, wie das Goldene Zeitalter von Camelot zugrunde ging, und sein Reich, bestürmt von den Sachsen, langsam zerfiel, bis er selbst durch die Hand seines Neffen fiel. Der Traum der Errichtung einer göttlichen Ordnung auf Erden war ausgeträumt.

Nicht einmal sechs Jahrhunderte später war es wieder soweit. Wieder brach ein Kreis von Rittern auf, den Schatz der Schätze zu finden:

Das Jahr: 1104. Der Ort: Das Schloß des Grafen Hugo de Champagne. Das Ereignis: Ein geheimes Zusammentreffen der edelsten Ritter Frankreichs, die meisten gerade zurückgekehrte Teilnehmer des ersten Kreuzzugs. Der Plan: Den Gral in Jerusalem zu suchen, in den Ruinen des Salomonischen Tempels, dort, wo einst die Bundeslade gestanden hatte. Das Ergebnis: Graf Hugo und sein Neffe reisten in das Heilige Land, um fünf Jahre lang das »Projekt Tempel« vorzubereiten.

Sie kehrten zurück mit einem Stapel alter Dokumente, viele davon in Hebräisch und Aramäisch verfaßt. Wieder in Frankreich wurden sie beim obersten Abt des sieben Jahre zuvor gegründeten Zisterzienserordens, Etienne Harding, vorstellig. Der Orden nahm sich der sorgfältigen Übersetzung der hebräischen Texte an, zog sogar Rabbiner aus dem Hochburgund zu Rate – ein eher ungewohnter Schritt gerade mal zehn Jahre nach den großen Pogromen.

Doch offenbar warfen einige Texte mehr Fragen auf, als sie beantworteten. Noch einmal mußten Hugo und sein Neffe nach Jerusalem, um weitere Texte ausfindig zu machen. Als sie 1114 zurückkehrten, hatten sie offenbar im Gepäck, was sie gesucht hatten. Der überglückliche Hugo entlohnte die Mönche fürstlich. Er schenkte dem Orden den Wald von Ba-sur-Aube und veranlaßte die Gründung einer zweiten großen Abtei in Clairvaux. Mit ihrem Aufbau wurde Bernard de Fontaine beauftragt, ein hochbegabter und ebenso enthusiastischer junger Mönch, der seine Aufgabe so gewissenhaft erledigte, daß man ihn kurzerhand zum Abt des Klosters ernannte. Als »Bernhard von Clairvaux« wurde er in den folgenden Jahren zu einer der bedeutendsten Persönlichkeiten der westlichen Christenheit und schaffte es, ganz an die Spitze des Ordens zu gelangen. Zudem wurde er zum engsten Vertrauten von Papst Honorius II., so verheerend sich sein Einfluß auch auswirkte. Denn durch seinen blinden Fanatismus, seine aufpeitschenden Reden, durch die er immer wieder zu neuen Kreuzzügen aufrief, die sich für Europa wie für das Heilige Land so fatal auswirkten, wurde er auch zu einer der umstrittensten Persönlichkeiten der Kirchengeschichte.

Als das »Projekt Tempel« alle benötigten Informationen zusammen hatte, wurde seine zweite Phase eingeleitet. Jetzt galt es zu handeln, sich jene Stätten zu sichern, an denen es sich zu graben lohnte. In Hugos Auftrag brach sein Neffe, Hugo de Payens, 1118 zu seiner nächsten Reise nach Palästina auf. Seine Begleitung war hochkarätig. Sie bestand aus sechs Rittern der besten französischen Familien – Gottfried de St. Omer, André de Montbard (ein Onkel Bernhard von Clairvaux'), Payens de Montdidier, Achembald de St. Amand, Gottfried Bisol und einem ungenannten Ritter – sowie den beiden Zisterziensermönchen Konrad und Gundemar. So erschienen sie bei Balduin II., dem Kreuzfahrerkönig von Jerusalem, um vor ihm und dem Patriarchen von Jerusalem ein seltsames Gelübde als »Laienbruderschaft« abzulegen. Fortan wollte das Häufchen Adliger »nach Kräften für die Sicherheit von Straßen und Wegen sorgen … ganz besonders aber für den Schutz von Pilgern«.

Wie das den Neunen gelingen sollte, behielten sie für sich, hatten sie doch auch geschworen, neun Jahre lang keine neuen Mitglieder aufzunehmen, die sie doch nur bei ihrem Unternehmen stören könnten. Auch mit ihrem gerade abgelegten Armutsgelübde wurde es nicht so genau genommen, jedenfalls quartierte Balduin die Ritter sofort in einem Seitenflügel seines Palastes ein. Zudem erhielten sie ein Gelände auf dem Tempelberg zur freien Verfügung, dort, wo angeblich die Al Aqsa-Moschee auf den Ruinen des Salomonischen Tempels stand. Das neue Grundstück, auf dem erst einmal gründlich gegraben wurde, gab dann auch der seltsamen Bruderschaft ihren Namen. Sie nannte sich fortan »Arme Ritter Christi vom Salomonischen Tempel«, kurz »Templer«.

Fortan wurden die Templer nicht oft auf den Pilgerwegen gesehen, die zu beschützen sie gelobt hatten. Auch bei den entscheidenden Schlachten fehlten sie, obwohl dort jeder Mann gebraucht wurde. So griff das ägyptische Heer 1119 die Franken an, während eine Flotte gegen Tyrus siegte und eine türkische Armee Apamas bedrohte. Zwar trug König Balduin II. bei der Schlacht von Tiberias den Sieg davon, doch gegen die Türken unterlag er. 1123 wurde er gefangengenommen, dann von den Armeniern befreit, um 1124 mit den Beduinen Aleppo zu erobern und gegen den Emir von Damaskus zu kämpfen. Nicht ein einziges Mal kamen ihm die von ihm so protegierten Ritter zu Hilfe. Statt dessen sind ausgedehnte Ausritte überliefert, wahrscheinlich zu historischen Stätten, zum Toten Meer oder zur Felsenfestung des Herodes, nach Massada. Wie einst die Ritter der Tafelrunde, so schienen auch die neun »armen Ritter« in alle Himmelsrichtungen auszureiten, um ihren »Heiligen Gral« zu finden. Schließlich gesellte sich ihnen auch Hugo de Champagne hinzu und wurde, entgegen dem Gelübde, 1125 als zehnter im Bunde in den Orden aufgenommen. Daheim hatte er Frau und Kind verstoßen, um sich jetzt voll und ganz der neuen Aufgabe widmen zu können.

Was folgte, war eine der unglaublichsten Erfolgsgeschichten des Mittelalters. Als nämlich Hugo und fünf seiner Ritter im Jahre 9 des jungen Ordens nach Frankreich zurückkehrten, wurden sie dort empfangen, als hätten sie alleine das Heilige Land befreit. Der Papst persönlich lud sie nach Rom ein, um ihnen seinen apostolischen Segen zu erteilen. Dann kündigte er ein neues Konzil an: Es sollte ausgerechnet in Hugos Heimat Troyes abgehalten werden, der Hauptstadt der Champagne. Ganz offensichtlich hatte hier Bernhard von Clairvaux seine Hände im Spiel, der bald zur Zentralfigur des Konzils avancierte. Auf dessen Tagesordnung stand an erster Stelle die Bestätigung des neuen Ordens. Hugo von Payens wurde offiziell zu seinem ersten Großmeister ernannt, die Ordensregel, von Bernhard persönlich verfaßt, vom Papst besiegelt. Damit war der Orden eigentlich gerade erst gegründet worden, obwohl es in der Präambel seiner Statuten ganz anders heißt:

»Mit Gottes und mit unserer und mit unseres Erlösers Jesu Christi Hilfe ist das Werk vollendet worden, denn er hat seine Freunde aus der Heiligen Stadt Jerusalem nach Frankreich und Burgund zurückbeordert.«

Welches Werk damals schon »vollendet« worden war, darüber schweigt sich die Ordensregel aus. Die Pilgerwege des Heiligen Landes jedenfalls waren unsicherer als je zuvor. Trotzdem strömten jetzt die jungen Adeligen Europas geradezu massenhaft in den neuen Orden. Nach wenigen Jahren verfügte er über ausgedehnte Ländereien, ein scheinbar unbegrenztes Vermögen und eine ganze Armee bestens ausgebildeter Krieger. Da er direkt dem Papst, und nur diesem, unterstellt war, bildete er bald überall, wo es Templer gab, eine Art Staat im Staate, befreit von der Steuerpflicht, mit eigenen Steuern und Zöllen, sogar mit eigener Rechtsprechung auf Ordensland. Zudem entstand ein Netz von Komtureien, verbunden durch gut befestigte Straßen, die ganz Europa überzogen. Da die Templerschätze ohnehin ständig bewacht werden mußten, übernahm der Orden diese Aufgabe auch bald für Könige, Adel und Handel, gründete Banken und erfand den »Wertbrief«, den ersten Scheck, den man in jedem Templerhaus einlösen konnte. Das überzeugte in einer Zeit, in der Straßenräuber regelmäßig reisende Händler und Edelleute überfielen, zumal schon damals Codeworte und -nummern die Identifikation des Empfängers sicherstellten. Nach all diesen Aktivitäten war der Orden bald in der Lage, militärische Aufgaben im Heiligen Land zu übernehmen. Dort blieb er dann auch die wenigen Jahre bis zum Fall Jerusalems 1187, der freilich für die Templer keine allzugroße Tragödie darstellte.

Was bewirkte den kometenhaften Aufstieg des Templerordens? Wie konnte aus einer Gruppe von neun »armen Rittern« so plötzlich eine Macht werden, die zwei Jahrhunderte lang die europäische Geschichte mitgestaltete, das Antlitz eines Kontinentes veränderte, seiner Entwicklung einen gewaltigen

Schub verpaßte? Gewiß, eine Rolle spielte der Kontakt mit dem Orient. Anders als die meisten anderen Kreuzritter unterhielten die Templer ausgedehnte Kontakte zu »Ungläubigen«, sie führten angeregte Dialoge mit muslimischen und jüdischen Gelehrten. Von ihnen ließen sie sich in Kartographie, Landvermessung, Architektur und Mathematik unterrichten. Dadurch waren sie vielleicht in der Lage zu jener großen Innovation, ihrem eigentlichen Beitrag zur europäischen Kulturgeschichte: der Einführung der gotischen Architektur. Mit der Planung und Beteiligung am Bau der großen europäischen Kathedralen schufen sie jedoch etwas, was alle orientalischen Vorbilder weit übertraf. Insofern kann der Einfluß der gelehrten Araber und Juden nicht der alleinige Schlüssel zum Geheimnis der Templer sein. Der französische Autor Louis Charpentier ist daher überzeugt: Die ersten neun Templer waren »nicht nur gekommen, um die Pilger zu schützen, sondern auch, um etwas besonders Wichtiges zu finden, zu schützen und mitzunehmen, etwas besonders Heiliges, das sich im Tempel Salomons befand: die Bundeslade.«

Die Macht der Heiligen Lade

Im Auftrag Gottes hatte Moses einen mit Gold beschlagenen Kasten aus Akazienholz anfertigen lassen – die Bundeslade –, um darin die beiden Gesetzestafeln, die er auf dem Berg Horeb erhalten hatte, aufzubewahren.

>>*Fertige eine Lade aus Akazienholz an, zweieinhalb Ellen lang, eineinhalb Ellen breit und eineinhalb Ellen hoch. Überziehe sie von innen und von außen mit reinem Gold und befestige ringsum eine Leiste aus Gold‹, sprach der Herr. ›Fertige Stangen aus Akazienholz an und überziehe sie mit Gold. Stecke die Stangen durch die Ringe an den Seitenwänden der Lade, damit sie damit getragen werden kann! Die Stangen sollen in den Ringen der Lade verbleiben und nicht herausgezogen werden! Du sollst das Gesetz, das ich dir geben werde, in die Lade legen! Fertige sodann eine Deckplatte aus reinem Gold an, deren Länge zweieinhalb Ellen und ihre Breite eineinhalb Ellen betragen soll. Stelle zwei Goldcherubim her, als getriebene Arbeit sollst du sie an den beiden Enden der Deckplatte anfertigen! ... Dort selbst werde ich mich dir offenbaren, von der Deckplatte aus, die auf der Lade des Zeugnisses ist, der Stelle zwischen beiden Cherubim. Alles will ich dir sagen, was ich dir für die Israeliten aufgetragen habe.‹<< (2. Mos. 25, 10-22)*

Die Bundeslade diente also auch Orakelzwecken. Und die beiden Cherubim erinnern in ihrer Funktion nur zu sehr an die Teraphim, entsprechend den beiden Gesetzestafeln des Moses. Was aber waren diese »Gesetzestafeln«?

Nach der jüdischen Tradition gab es zwei Paar verschiedene Gesetzestafeln: zwei, die Moses von Gott selbst übergeben wurden und zwei weitere, von Moses wahrscheinlich als Übersetzung für sein Volk angefertigte. Sie können durchaus so ausgesehen haben, wie sie uns aus der christlichen Ikonografie (Wissenschaft der Bestimmung von Bildnissen aus dem Altertum) bekannt sind, oder aus dem Filmepos *Die zehn Gebote* – sozusagen von Michelangelo bis Charlton Heston: Zwei in frühem Hebräisch beschriftete Steintafeln, also in jener, seit dem 16. Jahrhundert v. Chr. nachgewiesenen »sinaitischen« Schrift. Die jüdische Geheimlehre aber sagt von den »Tafeln« Gottes, es handle sich dabei um »vom Atem Gottes« erfüllte Steine, die in sich die Gebote Gottes tragen, die ein »schwarzes Feuer ständig auf ihre Oberfläche schreibt«. Nach dem Buch Sohar der Kabbala sollen sie aus »göttlichem Saphir, Schethya bestehen, die der Herr in den Abgrund schleuderte, nachdem er sie aus seinem Thron brach, um sie zum Grundstein und Generator der Welten werden zu lassen ... Sie sind so klein, daß sie sich im Handteller eines Menschen verbergen lassen. Doch sie tragen alle Gesetze der sublunarischen (unter dem Mond befindlichen bzw. irdischen) Sphären in sich, und ihre Zweiheit symbolisiert die Dualität der Schöpfung«. In der *Jewish Encyclopedia* von 1925 wird noch festgestellt, daß »in der Bundeslade die Wurzel allen Wissens verwahrt« wurde. Und im Talmud und Midrasch wurden die »Tafeln« mit dem Begriff »schechina« (Gottes Anwesenheit unter den Menschen) gleichgesetzt. So stellte G. Scholem 1952 in seiner Arbeit *Zur Entwicklung der kabbalistischen Konzeption der Schechina* fest: »Die Schechina … selbst ist der Edelstein … in jüdischen Legenden ist zudem festgehalten, daß der Glanz der Schechina alle, auf die er falle, von Krankheiten befreie und sich ihm weder Insekten noch Dämonen nähern können, um ihm zu schaden.« Eben das schrieb Wolfram von Eschenbach auch über den Gral.

Daß die Bundeslade mehr als nur eine mit Gold beschlagene Kiste war, beweisen die zahlreichen Zwischenfälle, zu denen es immer wieder im Umgang mit ihr kam. Als zwei Söhne des Hohepriesters Aaron ihr ein Rauchopfer darbringen wollten, »ging Feuer vom Herrn [von der Lade] aus und verzehrte sie«. Bei der Landnahme Israels ließ der Heerführer Joshua die Bundeslade durch den Jordan tragen, als »das Wasser stehenblieb«. Später setzte er die Kraft der Lade zur Zerstörung der mächtigen Mauern von Jericho ein. Als die Philister die Bundeslade raubten und in ihre Hauptstadt Asdod brachten, strafte sie »die Hand des Herrn« mit schmerzhaften, eiternden Geschwüren. Auch bei ihrer Rückkehr nach Israel gab es Pannen. Zuerst starben 70 Bewohner von Bet Schemesch, »weil sie in die Lade des Herrn hineingeschaut hatten«. Als der Schrein von einem Ochsenkarren zu fallen drohte und der Priester Ursa seine Hand ausstreckte, um ihn festzuhalten, traf ihn der Schlag. Offiziell hieß es: »Der Zorn des Herrn« hatte ihn getroffen.

Gerade weil der Umgang mit der Bundeslade so gefährlich war, hatte Moses von Gott noch weitere Orakelinstrumente erhalten, die sozusagen für die unwesentlicheren Fragen bestimmt waren. Dabei handelte es sich um das Ephod, die Orakelsteine Urim und Thummim.

Das Ephod war eine Art Weste, die der Hohepriester trug, wenn er das Stiftzelt der Bundeslade betrat. Später wurde es zum festen Bestandteil des hohepriesterlichen Ornats, das bei allen festlichen Gelegenheiten getragen wurde. Interessanterweise ist »Ephod« kein hebräisches Wort, sondern ein Lehnwort aus dem Akkadischen, der Sprache, die in den letzten Jahrhunderten in Sumer gesprochen wurde, als Sumerisch nur noch Kultsprache war – wie später in der katholischen Kirche das Latein. »Appatu«, im Plural »Apadatu«, heißt im Akkadischen »Gewand« und kennzeichnete speziell das Kultgewand des Priesters. An den Schultern des Ephods waren die beiden »shoham« – Steine – befestigt, bei denen es sich laut Exodus 39 um Karneole handelte, während der Historiker Flavius Josephus erklärte, daß später Onyx-Steine benutzt wurden. Diese Steine leuchteten, wenn sie zu Orakelzwecken aktiviert wurden. So berichtet Josephus: »Von den Steinen, die der Hohepriester trug, ging ein Licht aus, und derjenige, der auf der rechten Schulter getragen wurde, strahlte so hell, daß er selbst jenen, die weit entfernt standen, ausreichend Licht gab, obwohl der Stein zuvor dieses Glanzes entbehrte.« Außerdem war an dem Ephod ein golddurchwirktes Brusttuch befestigt, auf das in vier Reihen insgesamt zwölf in Gold gefaßte Edelsteine genäht waren.

»Erste Reihe: Rubin, Chrysolith und Smaragd.
Zweite Reihe: Türkis, Lasurstein und Jaspis.
Dritte Reihe: Hyazinth, Achat und Amethyst.
Vierte Reihe: Tarsis, Karneol und Nephrit.«
(2. Mos. 39, 10-13)

In diese Steine waren die Namen der zwölf Stämme Israels eingraviert, rabbinischen Legenden zufolge sogar von Moses selbst – mit Hilfe eines mystischen »shamir«-Steins, mit dem sich sogar »Felsen spalten ließen«. Andere Quellen behaupten, es stünde immer nur der Anfangsbuchstabe des Stammesnamen auf den Steinen. Und da jeder Stamm einen anderen Anfangsbuchstaben hatte und diese, durch drei weitere gravierte Steine ergänzt, das althebräische Alphabet bildeten, konnten sie der Reihe nach aufleuchten und Worte bilden, aus denen die Antwort zu lesen war, und so bildeten sie das eigentliche Orakel. Die Juden nannten das Bruststück »choshen mishpat«, wörtlich »Brustschild der Entscheidung«. Doch es beantwortete nur eine Frage pro Tag, und zwar immer die erste, auch wenn zwei oder drei Fragen gestellt wurden. Josephus berichtet von ihrer Anwendung: »Durch die zwölf Steine, die der Hohepriester auf dem Brustlatz trug, verkündete Gott den Hebräern den Sieg, wenn sie in den Krieg ziehen wollten. Denn ehe sich das Heer in Bewegung setzte, leuchteten sie in solchem Glanz, daß das ganze Volk erkannte, Gott werde ihm Beistand leisten. Deshalb nennen auch die Griechen, die unsere feierlichen Gebräuche verehren, den Brustlatz Logion, das heißt Orakel, das Wunder selbst können sie nämlich nicht ableugnen.«

Offenbar funktionierte die Brustplatte durch die MEs, die beiden mystischen Steine Urim und Thummim, wie Gott Moses offenbarte: »In das Brustschild der Entscheidung lege die Orakelsteine Urim und Thummim, sie sollen auf dem Herzen Aarons ruhen, wenn er vor den Herrn tritt. Er trage das Schicksal der Söhne Israels auf seinem Herzen ständig vor dem Herrn.« (2. Mos. 28, 30) Über sie sagen rabbinische Texte, daß es sich um zwei Kristalle handelte, der eine rauchig-dunkel, der andere klar wie ein Bergkristall. Sie standen für die Gegensätze: Ja und Nein, Tag und Nacht, Fluch (arar) und Segen (tammam). Im Buche

Joshua heißt es, daß der Heerführer Israels sie vor jeder einzelnen Schlacht befragte.

Die Brustplatte hat ihre Vorbilder in der sumerischen Tradition. So erzählt das Epos *Inannas Abstieg in die Unterwelt*, wie die Göttin in den Hades stieg, um ihre Schwester Ereshkigal, Herrin der Unterwelt, zu entthronen. Mit Hilfe der MEs, die sie zuvor von Enki durch gezielten Einsatz ihrer weiblichen Reize erhalten hatte, rüstete sie sich für die gefährliche Mission. Zu diesem Zweck, so heißt es weiter, fertigte sie auch eine Brustplatte an, in die sie ein ME setzte. Offenbar diente es Kommunikationszwecken, jedenfalls lautete sein Name »Komm, komm«. Eine weitere Brustplatte trug der mythische Held Gilgamesch, als er sich vorbereitete, das Ungeheuer Humbaba zu schlagen: »Er legte seine Brustplatte an, die da hieß »Die Stimme der Helden« und dreißig Schekel wog; er legte sie an, obwohl er sonst nur ein leichtes Gewand trug«, berichtet das Gilgamesch-Epos. Auch hier wird deutlich, daß die Israeliten das Erbe der Sumerer übernommen haben, und als Bewahrer der göttlichen MEs zu betrachten sind.

Doch welcher Art war das Wissen, waren die in den MEs gespeicherten und durch sie offenbarten Orakel? Diese Frage läßt sich durch ein Beispiel beantworten, quasi eine Art hinterlassenem »Ausdruck« der in den »göttlichen Computerchips gespeicherten Informationen.

Bei diesem »Ausdruck« handelt es sich um einen der erstaunlichsten Texte der Menschheitsgeschichte, um die Thora, die fünf Bücher Moses. Für die Juden ist die Thora offenbartes göttliches Wort, von Moses niedergeschrieben, wahrscheinlich durch die »Gesetzessteine« empfangen. Seit 3500 Jahren wird sie wie ein Schatz gehütet.

In jeder Synagoge wird eine Abschrift an einer besonderen Stelle in einem »Thora-Schrein« verwahrt, in kostbar besticktem Samt gehüllt, oft mit silbernen Kronen als Aufsatz für die hölzernen Griffe der Schriftrolle, nicht selten von einer silbernen Umhüllung geschützt. Die Thora ist in Hebräischer Schrift verfaßt, ohne daß es Abstände zwischen den einzelnen Worten gibt. In der jüdischen Tradition ist Hebräisch die Schrift Gottes. Sie wurde Abraham, wie es heißt, durch die Teraphim neu offenbart, sie diente der Orakeloffenbarung durch den hohepriesterlichen Brustschild. Die Thora besteht insgesamt aus 304 805 Zeichen. Sie mußten bei jeder Abschrift mit größter Genauigkeit kopiert werden – war auch nur ein Zeichen falsch geschrieben, ausgelassen oder vertauscht, war die Thorarolle wertlos. Gott selbst, so glauben die Juden, gab ihnen den Auftrag, die Thora so sorgfältig zu hüten und bis »ans Ende aller Zeiten« zu bewahren. Das Herzstück der Thora ist die »Mezuzah«, eine aus 170 Zeichen bestehende Schrift, die um eine eigene Rolle gewunden, am Eingang jedes Hauses verwahrt werden soll. Die Mezuzah enthält fünfzehn Verse und beginnt mit den Worten: »Höre, oh Israel, der Herr ist unser Gott, der Herr allein«, und enthält genaue Anweisungen über ihre Lagerung: »Und diese Worte, die ich dir heute gebiete, sollst du dir zu Herzen nehmen und sollst sie deinen Kindern einschärfen und davon reden, wenn du in deinem Hause sitzt oder unterwegs bist, wenn du dich niederlegst oder aufstehst. Und du sollst sie binden zum Zeichen auf deine Hand und sie sollen dir ein Merkzeichen zwischen deinem Auge sein, und du sollst sie schreiben auf die Pfosten deines Hauses und an die Tore.«

Warum waren diese besonderen Vorkehrungen notwendig, die so weit gingen sicherzustellen, daß selbst bei einer plötzlichen Flucht oder Vertreibung die »Heilige Schrift« nicht verlorenging? Weil sie das »Wort Gottes« ist – oder weil ihr eine verborgene Botschaft zugrunde liegt, die für die Nachwelt erhalten werden sollte? Seit Sir Isaac Newton suchten die Forscher immer wieder nach einem geheimen Code, der in der Thora verborgen sein könnte. Doch erst in unserer Zeit, im Computerzeitalter, wurde man fündig.

Schon vor einigen Jahrzehnten stieß der renommierte Thora-Gelehrte Rabbi Weissmandel darauf, daß den fünf Mosesbüchern (griechisch: Pentateuch) ein Muster zugrunde liegt, das, in bestimmten Abständen, neue Worte ergibt. So ist der 50. Buchstabe des Buches Genesis ein Tav, das hebräische T. 50 Buchstaben weiter steht ein Vav, das unserem O entspricht. Nach weiteren 50 Buchstaben erscheint Resh, R, 50 Buchstaben danach das Aleph, eben ein A. Zusammen ergibt sich daraus das Wort TORA (abweichend von unserer Schreibweise). Dasselbe gilt für das zweite Moses-Buch, den »Exodus«. Konnte das ein Zufall sein, fragte sich Weissmandel? 1994 veröffentlichten Prof. Elijahu Rips von der Universität Jerusalem sowie Doron Witztum und Yoav Rosenberg von der Technischen Hochschule Jerusalem einen Beitrag in der Fachzeitschrift *Statistical Science* (9/1994), in der sie die Existenz einer »konstanten Buchstabenfolge im Buch Genesis« postulieren. Die Wahrscheinlichkeit, daß es sich schon bei der Weissmandel-Entdeckung um einen Zufall handelte, berechneten sie als 1:10 000, in anderen Fällen war sie noch geringer. Geradezu sensationell aber war eine ganz andere Entdeckung der drei israelischen Statistiker: In den Text der Thora waren Namen, Orte und Ereignisse der über dreitausendjährigen Geschichte ihres Volkes eincodiert. Die Buchstabenfolgen können gleichmäßige Abstände untereinander einhalten, von oben nach unten, von unten nach oben, rechts nach links, links nach rechts oder diagonal gelesen werden. Sie ließen sich aber nur mit Hilfe des Computers finden. Das aber bedeutet, daß der Schicksalsweg eines ganzen Volkes vor 3500 Jahren vorausgesehen wurde. Die Arbeit der drei Wissenschaftler bezog sich ausschließlich auf die Vergangenheit. Dabei stießen sie auf die Worte »Hasmonäer« und »Chanukka«. Das Chanukka-Fest erinnert an die Priesterfamilie der Hasmonäer im 2. Jahrhundert v. Chr., die eine Revolte gegen die Syrer angeführt hatten. Auch die Namen der Hauptanführer Zedekia und Mattanja ließen sich finden, ebenso jene von 32 weiteren wichtigen Persönlichkeiten. Elijahu Rips war bald davon überzeugt, daß der Thora-Code ein »Computerprogramm« der jüdischen Geschichte beinhaltet.

Bei weiteren Studien wurde auch nach Ereignissen der neueren Geschichte gesucht – mit großem Erfolg. So zeigte sich, daß der Ausbruch des Golfkriegs korrekt mit dem richtigen Datum (»Feuer am 3. Shebat« – 18. Januar), dem Namen »Saddam Hussein« und den Begriffen »Feind, Krieg, Rakete« angegeben wurde. Zum Ende der Sowjetunion heißt es: »Zusammenbruch«, »Kommunismus«, »Rußland«, »China als nächstes«, zum Hitlerfaschismus »Hitler«, »Verbrecher«, »Nazi und Feind« und »Blutbad«, und zur Atombombe von Hiroshima »Atomarer Holocaust«, »Japan« und »5705« (1945). Zufall? Tatsache ist, daß die Wahrscheinlichkeit, zufällig auf solche Buchstabenkombinationen im selben Umfeld zu kommen, mathematisch betrachtet extrem gering ist. Zum Vergleich wandten die Forscher die »Thora-Code«-Methode auf literarische Texte an, so auf Tolstois *Krieg und Frieden*. Ergebnis: Es gab keinen derartigen Code

– in keinem einzigen Werk der Weltliteratur außer in den fünf Mosesbüchern.

Als der amerikanische Journalist Michael Drosnin von der Entdeckung der Israelis erfuhr, kam ihm die Idee, den Thora-Code auf die nähere Zukunft anzuwenden, um zu überprüfen, ob er auch zu Orakelzwecken angewandt werden kann. Damals war Jitzhak Rabin Ministerpräsident von Israel, und so gab er dessen Namen in den Computer ein, um zu sehen, was der Thora-Code über ihn zu sagen hatte. Und tatsächlich dauerte es nur Sekunden, bis eine Stelle mit dem Namen »Rabin« auf dem Bildschirm auftauchte. Dann durchfuhr es Drosnin. Erschreckt mußte er feststellen, daß der Name des Ministerpräsidenten von den Worten »Mörder, der morden wird«, gekreuzt wird. Offenbar plante jemand ein Attentat auf Rabin. Sofort griff Drosnin, noch wie vom Donner gerührt, zum Telefon. Er unternahm verschiedene Versuche, den Politiker zu warnen, doch er hatte keinen Erfolg. Seine Warnung wurde in den Wind geschlagen. Am 4. November 1995 wurde Jitzhak Rabin dann von einem religiösen Fanatiker namens Amir in Tel Aviv erschossen. Daraufhin überprüfte Drosnin den Thora-Code nochmals. Er fand den Ort des Attentats, »Tel Aviv«, den Namen des Attentäters, »Amir« und das Jahr 5756 – 1995/96 – in unmittelbarer Nähe des Namens »Jitzhak Rabin« im Bibeltext. Die Thora hatte es gewußt.

Wenn aber der Thora-Code schon ein Ereignis der Zukunft, nämlich die Ermordung Rabins, korrekt vorausgesagt hatte, fragte sich Drosnin, ob es dann nicht möglich sein konnte, mit seiner Hilfe zumindest die nähere Zukunft vorherzusagen? Als Drosnin vor den israelischen Parlamentswahlen nach den beiden Kandidaten Netanjahu und Perez fahndete, fand er tatsächlich an einer Stelle die Worte »Ministerpräsident Netanjahu«, »gewiß wird er getötet«, »seine Seele wurde abgeschnitten«, »ermordet«. Dann gewann Netanjahu, mit einem äußert knappen Ergebnis, die Wahl. Sollte auch er einem Attentat zum Opfer fallen? Was würde dann geschehen? »Der nächste Krieg«, »es wird nach dem Tod des Ministerpräsidenten geschehen«, »ein weiterer wird sterben« wußte der Code. Sogar von dem Jahr 5756 (1995/96) als »Ende der Tage«, kombiniert mit dem Wort »atomarer Holocaust« war die Rede, als Datum wurde der »29. Elul« (13. September) genannt. Das Ziel des »atomaren Holocaustes« war ebenfalls zu identifizieren: »Atomwaffe«, »Jerusalem« fand sich in der Bibel. Doch auch die Worte: »Schriftrolle – er öffnete sie« – war damit der Bibel-Code gemeint? Über den Vater des Ministerpräsidenten, Ben Zion Netanjahu, kontaktierte Drosnin den neuen israelischen Staatschef, warnte ihn, daß Israel sich in größter Gefahr befinden könnte – durch ein Attentat, das zu einer Eskalation der ohnehin schon heiklen Nahost-Situation führen würde und durch libysche Terroristen, die vom jordanischen Grenzgebirge aus eine Atombombe auf Jerusalem abschießen könnten. Auch dem israelischen Geheimdienst teilte Drosnin seine Erkenntnisse mit.

Für den 25. Juli 1996 plante Netanjahu eine Reise nach Amman, die präzise mit den Worten »Ministerpräsident Netanjahu« »im Juli nach Amman« und »9. Ab« (Datum: 25. Juli) im Bibelcode angekündigt worden war, im Umfeld der Worte »Tod«, »seine Seele wird abgeschnitten«, »sie töteten« aber auch dreimal dem Wort »verspätet«. Der 25. Juli, der »9. Ab« nach dem jüdischen Kalender, ist der Schicksalstag der Juden. Am 9. Ab 586 v. Chr. wurde Jerusalem von den Babyloniern zerstört, am 9. Ab 70 n. Chr. von den Römern, am 9. Ab 1942 begann der Holocaust.

»Atomarer Holocaust«, »5756«, »Werdet Ihr es ändern?«, lautete die Botschaft aus der Vergangenheit. Konnte die Katastrophe abgewendet werden? Sie konnte. Netanjahus Besuch in Amman, bei dem er, dem Thora-Code zufolge, ermordet werden sollte, wurde verschoben. Der Krieg, der auf den Tod des Ministerpräsidenten folgen sollte, blieb aus – und mit ihm die atomare Katastrophe. Doch der Bibel-Code warnt: Die Apokalypse ist »aufgeschoben«, aber nicht aufgehoben – noch zweimal, im Jahre 2000 und im Jahre 2006, droht ein Krieg und mit ihm die Vernichtung Jerusalems. Doch dazu braucht es nicht zu kommen. »Atomarer Holocaust«, »Ende der Tage« heißt es an einer Stelle, gleich daneben aber auch: »Der Code wird retten.«

Der Heilige Gral, die Gesetzestafeln Gottes mögen verlorengegangen sein, doch durch die Thora spricht immer noch ein flüsternder Stein zu uns, warnt vor einer der größten Gefahren, die zur Jahrtausendwende drohen. Durch ihn werden wir nicht zu Marionetten eines vorbestimmten Schicksals, sondern erhalten die Kraft, es zu ändern, die Katastrophe abzuwenden.

»Man kann die Tatsache nicht leugnen, daß ein von einigen der bedeutendsten Mathematikern der Welt bestätigter Computercode in der Bibel existiert, der mit äußerster Genauigkeit den Golfkrieg, einen Kometeneinschlag auf dem Jupiter, die Ermordung Rabins und anschließend anscheinend den Beginn der Apokalypse durch einen nuklearen Weltkrieg innerhalb einer Dekade voraussagt«, stellt Drosnin in seinem Buch *Der Bibel-Code* fest, das weltweit die Bestsellerliste eroberte. Der Bibel-Code jedoch geht weit über die Warnung hinaus. Er könnte vielmehr Informationen enthalten, die zur Vermeidung der Katastrophe dringend erforderlich sind. Es muß aber auch zugestanden werden, daß es auch Kritiker und Gelehrte gibt, die den Bibel-Code nicht akzeptieren.

Offenbar war in den MEs der Gesetzestafeln das gesamte Schicksal der Menschheit gespeichert, wie es die Sumerer und Juden glaubten. Aber der Gott Abrahams, von dem sie Moses erhalten hat, gab den Menschen mit ihnen auch die Mittel in die Hand, ihr Schicksal zu steuern, die drohende Katastrophe abzuwenden. Auch Drosnin betrachtet den Thora-Code als Werk einer »fortgeschrittenen Technologie«, als »interaktive Datenbank«, ... als ein »Computerprogramm«. Seiner Ansicht nach »wurde vergessen, daß die Bibel unsere am weitesten verbreitete Schilderung einer Begegnung mit einem außerirdischen Wesen beinhaltet. Der lang erwartete Kontakt mit einer anderen Lebensform erfolgte vor mehreren tausend Jahren.« Er fand und findet statt durch den flüsternden Stein, der noch immer zu uns spricht, obwohl er, mitsamt der heiligen Lade, längst aus Israel verschwunden ist.

Im 480. Jahr nach dem Auszug aus Ägypten war es soweit. Salomo, König von Juda und Israel, der Sohn Davids, beschloß seiner Hauptstadt Jerusalem einen Tempel zu bauen. Dort, in der unzugänglichen Kammer seines Allerheiligsten, sollte die Bundeslade auf ewig ruhen, inmitten von Gottes Volk. Es wurde der eindrucksvollste, der prächtigste Tempelbau seiner Zeit, und damit ein würdiger Nachfolger für den Ekur von Nippur. Er brauchte keine Zikkurat, keinen künstlichen Berg, denn er stand auf einer natürlichen Erhebung. Für ihn war der Berg Moriah durch eine quadratische Plattform erweitert worden, in der, mitten auf dem Felsen, wo Abraham einst beinahe seinen zweiten Sohn Isaak geopfert hätte, der Tempel selbst stand. Vor ihm erhoben sich zwei Säulen, »Boaz« und »Jachin« genannt, zumindest nach freimaurerischer Tradition Kopien der beiden Säulen des Hermes Trismegistos oder Henoch. Wenn wir bedenken, daß der Architekt des Tempels, Hiram Abif aus Tyrus, ein Nachfahre des großen Eingeweihten war, erhält diese Deutung einen Sinn. Wenn wir ihn zudem mit dem »Heiden Flegetanis«, dem Zeitgenossen Salomos aus dem Grals-Mythos, gleichsetzen, steht fest, daß ihm auch der Umgang mit heiligen Steinen vertraut war.

Hiram starb, bevor der Tempel vollendet war, erschlagen von drei Männern, weil er sich weigerte, das geheime »Meisterwort« zu enthüllen. Doch nach einer jüdischen Legende gab er Salomon einen magischen Stein, den »Shamir«, der die Steine für den Tempel »wie von selbst« schnitt. Wie es im *Buch der Könige* (Kap. 6, 7) heißt, »wurden beim Bau Hämmer, Meißel und sonstige eiserne Werkzeuge verwendet«. Durch den Shamir-Stein rief Salomon schließlich den Dämon Asmodi herbei, der den Tempel eigenhändig fertigstellte.

Als sich der Tempel endlich majestätisch über Jerusalem erhob, kam der Tag, an dem die Lade Gottes Einzug halten konnte. Es war ein Festtag, wie ihn Israel nie zuvor erlebt hatte. Alle Fürsten der zwölf Stämme waren in die Stadt Davids gekommen, gefolgt von Hunderttausenden von Pilgern, die mit Palmzweigen wedelnd den feierlichen Zug begrüßten. In weiße Gewänder gehüllt, wie mehr als zwei Jahrtausende später die Templer, schritten die Leviten der Lade voraus, gefolgt von dem würdevoll schreitenden Hohepriester in weißer, goldumrandeter Mitra und seinem edelsteinbesetzten Orakelschmuck auf der Brust, dazu die vier

Auserwählten, denen zum letzten Mal die Ehre zuteil wurde, die Lade tragen zu dürfen. Links und rechts neben ihr schwenkten jeweils vier weitere Priester gemessen die Weihrauchkessel zum Klang der Zimbeln und Handtrommeln. Hinter ihr aber, in ein prachtvolles golddurchwirktes Gewand gehüllt, die reifförmige Krone auf dem Kopf, schritt Salomon, gefolgt von seinem Hofstaat und der mit runden Schildern, Schwertern und Speeren bewaffneten Leibgarde. Die Prozession schlängelte sich langsam den Berg Moriah zum Tor des Tempels hinauf, bis sie schließlich im Innenhof verschwand. Von dort stiegen dunkle Rauchsäulen auf. Bläser mit mächtigen Hörnern versuchten das hundertfache, angsterfüllte Brüllen und Blöken von Rindern und Schafen zu übertönen, die Yhwh, dem Gott Israels, geopfert wurden. Die Flammen des Brandopfers stiegen immer höher auf, Ruß und Rauch verdunkelten die noch über dem »Gelobten Land« strahlende Sonne, wie ein unheilvolles dunkles Omen, immer mehr.

Mit dem Einzug der Bundeslade in den Tempel verwischen sich ihre Spuren im Licht der Geschichte. Die Juden glauben, sie wurde später entweder in den ausgedehnten unterirdischen Gängen und Höhlen unter dem Tempelberg oder am Hang des Berges Pisga, gegenüber von Jericho, den Moses für sich zum Sterben auserwählt hatte, versteckt. Einer äthiopischen Überlieferung zufolge soll sie sich heute noch in Axum befinden, der alten Hauptstadt dieses afrikanischen Landes. Menelik soll sie dorthin gebracht haben, der Sohn von König Salomon und der Königin von Sheba – einer Fürstin aus Afrika, die ihn, laut Bibel, einst in Jerusalem besuchte. Die äthiopischen Christen, die Kopten, behaupten, sie stünde heute in einer eigenen Kapelle neben der koptischen Kirche der »Heiligen Maria von Zion« in Axum. Nur ein Mann, der »Wächter der Heiligen Lade«, ein eigens auf diese Aufgabe vorbereiteter Mönch, darf sie sehen, darf ihren Schrein betreten. Es ist eine ehrenvolle Aufgabe, doch mit großen Opfern verbunden. Denn der Wächter wird zum lebenslangen Gefangenen der Bundeslade, darf fortan nie mehr das Kapellengelände verlassen. Seine Tätigkeit ist gefährlich und die Lebensdauer der Wächter extrem kurz. Einer der letzten Auserwählten, der Mönch Gebra Mikail, fiel 1991 plötzlich tot um. Sein Nachfolger, Aba Tes Famerion, wurde bereits nach einigen Monaten im Dienst schwer krank, verlor fast völlig sein Augenlicht, bevor auch er 1995 verstarb. Dem britischen Journalisten Graham Hancock war es gelungen, ihm einige Worte zu entlocken. »Die Bundeslade ist ein Ding aus Feuer«, konnte ihm Famerion anvertrauen, »als ich das erste Mal vor sie trat, zitterte ich vor Angst, und ich zittere noch immer.«

Die Äthiopier behaupten, die mächtigen, bis zu 30 Meter hohen und 300 Tonnen schweren obeliskähnlichen Stelen von Axum seien durch die »Kraft der Lade« errichtet worden. Selbst den Sieg der schlecht ausgerüsteten Äthiopier gegen die moderne Armee der Italiener in der Schlacht von Adowa im Jahr 1896 schreiben sie dem Einsatz der Bundeslade zu. Später bezeichneten Historiker diese Schlacht als »die größte Niederlage einer europäischen Armee gegen ein afrikanisches Heer seit den Tagen Hannibals«.

»Sie zieht das Auge auf sich wie durch eine Kraft, sie erstaunt den Geist und erfüllt ihn mit Bewunderung. Sie ist ein spirituelles Ding, voller Mitgefühl, sie ist ein himmlisches Ding, voller Licht, sie ist ein Ding der Freiheit und eine Wohnstatt der Gottheit, deren Heimstatt im Himmel ist und die sich doch auf der Erde bewegt«, preist das äthiopische Nationalepos *Kebra Nagast* die Bundeslade. Dabei ist den Äthiopiern bewußt, daß das eigentliche Heiligtum der Lade ihr Inhalt ist – die »Gesetzestafeln«. Von diesen als »Tabot« bezeichneten Tafeln befinden sich Kopien in jeder äthiopischen Kirche, die jedes Jahr zum »Timkat«-Fest im Januar in einer feierlichen Prozession herumgetragen werden. So heißt es im 17. Kapitel des *Kebra Nagast*: »Das Himmlische darin [in der Lade] ist von wunderbarer Farbe und Arbeit, ähnlich dem Jaspis, dem Glanzerz, dem Topas, dem Edelstein, dem Kristall und dem Licht, die Augen entzückend und berückend und den Sinn verwirrend, nach dem Gedanken des Herrn gemacht und nicht von der Hand eines menschlichen Künstlers, sondern Er selbst hat sie zum Wohnsitz seiner Herrlichkeit erschaffen.«

Wenn sich die Bundeslade aber seit den Tagen Meneliks in Äthiopien befindet, was fanden dann die Templer? Vielleicht jene Kopie der Lade, die, wie die äthiopische Legende behauptet, Menelik anfertigen und im Allerheiligsten des Tempels aufstellen ließ, damit sein Diebstahl nicht bemerkt wurde. Vielleicht ließ er sogar eine der »Gesetzestafeln«, einen der heiligen Steine, in Jerusalem. Mit Sicherheit befanden sich auch die zwölf MEs im Tempel, die Kenaz auf dem heiligen Berg von Sichum gefunden hatte, ebenso die Orakelsteine des Hohepriesters. Sicher ist nur, daß die Templer »etwas« unter dem Tempel von Jerusalem, in den Tiefen des Tempelberges entdeckt haben, wo noch heute die von ihnen angelegten Stollen von ihrer Suche zeugen. Denn es heißt, daß sie im Besitz von Teraphim gewesen seien.

Eben diese Teraphim wurden ihnen schließlich zum Verhängnis. Der Reichtum des Ordens rief zahlreiche Neider auf den Plan, die nur auf eine Gelegenheit warteten, ihn seiner Schätze zu berauben. Diese bot sich im Jahre 1307 schließlich Philipp IV. oder »Philipp dem Schönen«, wie er sich nennen ließ. Kurz zuvor hatte der stets bankrotte König von Frankreich den ihm gefügigen Franzosen Bertrand de Got als Clemens V. zum Papstthron verholfen. Also unterzeichnete der ihm verpflichtete Gottesmann die nötigen Genehmigungen zu einer »Untersuchung« des ihm allein unterstellten Ordens, damit der König zuschlagen konnte. In einer unter strengster Geheimhaltung ablaufenden Nacht- und Nebelaktion ließ er in der Nacht zum Freitag, dem 13. Oktober 1307, die Templer-Komtureien seines Reiches stürmen und alle Ordensangehörige verhaften. Die gegen sie vorgebrachte Anklage bezichtigte sie der Ketzerei. Zuerst wurden sie beschuldigt, Christus verhöhnt zu haben, als Teil ihres Ritus das Kreuz bespuckt oder getreten zu haben. Zudem seien sie der Sünde der Homosexualität verfallen. Doch mehr und mehr kristallisierte sich aus all den haltlosen und unbegründeten Unterstellungen heraus, daß sie dem »Dämonen Baphomet«, einem geheimnisvollen Kopfidol, »gehuldigt« hätten. Nach unzähligen, teilweise »hochnotpeinlichen«, d.h. unter Anwendung der Folter erfolgten Verhören lagen die Fakten auf dem Tisch. Am 3. April 1312 löste Papst Clemens V. den Orden offiziell auf. Nachdem bereits hunderte Templer unter der Folter gestorben oder als Ketzer verbrannt worden waren, endete am 14. März 1314 auch der Templer-Großmeister Jacques de Molay zusammen mit dem Großpräzeptor der Normandie, Geoffrey de Charney, in Paris auf dem Scheiterhaufen. Zu diesem Zeitpunkt galt es als erwiesen, daß der Orden im Besitz »sprechender Köpfe« gewesen ist. Von ihnen heißt es in der Anklageschrift vom 12. August 1308:

»daß (die Templer) in jeder Provinz Idole hatten, nämlich Köpfe, einige davon mit drei Gesichtern, wieder andere mit einem, und solche mit einem menschlichen Schädel;

daß sie diese Idole anbeteten, oder dieses Idol, besonders in ihren großen Kapiteln und Versammlungen;

daß sie diese verehrten;

als Gott;

als ihren Erlöser; ...

daß sie sagten, daß der Kopf sie retten könne;

daß er sie reich machen könnte;

daß er ihnen alle Reichtümer des Ordens gab;

daß er die Bäume zum Blühen bringt;

daß er das Land fruchtbar macht.«

Aus den Protokollen der Templer-Verhöre sind weitere Einzelheiten zu erfahren. So wird das Idol als »Kopf aus Kupfer« beschrieben, als »Freund Gottes, der mit Gott spricht, wenn er will« und »in Orakelform Fragen beantwortet«. Seine Oberfläche »glänzte wie vergoldetes Silber«, darin eingelassen aber waren zwei Orakelsteine, die aufleuchteten, ganz wie die »Shoham«-Steine der Juden. »In den Augenhöhlen strahlten Karfunkelsteine wie die Helle des Himmels«, heißt es wörtlich. Sein Name »baffometi« oder »Baphomet« ist vom arabischen »abu fihamet« (»Vater der Weisheit«) abgeleitet, was im maurischen Spanien wie »bufihimat« ausgesprochen wurde. Eben dieses mysteriöse Wort wurde von den Sarazenen während der Kreuzzüge als Schlachtruf verwendet, wie der Kreuzzugchronist Anselm von Ribemont berichtet: »Mit lauten Stimmen riefen sie Baphomet an.« War damit »Mahomet«, also Mohammed gemeint, war es ein Beiname Allahs, oder riefen sie damit den Schicksalsstein in der Kaaba, das ME der Moslems, an?

Wir wissen es nicht. Doch die Benutzung des Wortes durch die Templer weist darauf hin, daß ihnen das Wissen um die Anwendung der Teraphim nicht von Juden, sondern von den Arabern vermittelt wurde.

Die »Armen Ritter vom Salomonischen Tempel« hatten jedenfalls ihren Heiligen Gral gefunden. Und sie mußten den kostbarsten Besitz, in den ein Sterblicher kommen konnte, mit ihrem Leben bezahlen.

Der Nabel der Welt

Es war ein Tag, wie ihn nicht einmal Rom in seiner tausendjährigen Geschichte erlebt hatte. Selbst die Eskapaden eines Caligula, der seinen Lieblingshengst zum Senator ernannte und die ehrwürdigen Senatorenfrauen ins Bordell steckte, oder die Orgien des Nero, bei denen exotische Blüten auf Paare im Liebesrausch herabrieselten, verblaßten angesichts des Schauspiels, das der neue Kaiser der ewigen Stadt offerierte.

Sozusagen als Vorwarnung hatte er dem Senat von Rom schon vor seiner Ankunft ein lebensgroßes Gemälde übersandt, das ihn in vollem Ornat eines syrischen Baal-Priesters zeigte. Es sollte neben der Statue der Siegesgöttin Victoria aufgestellt werden, begleitet von den Gebeten der Römer, denen langsam schwante, was mit dem üppig geschmückten und stark geschminkten, vierzehnjährigen Knaben auf sie zukam.

Aber er war ein Sohn des letzten der Severer, des jähzornigen Caracalla, jedenfalls gab er sich dafür aus, und seine Großmutter Julia Maesa und seine Mutter Julia Soaemias waren nur allzu eifrig darum bemüht, diesem Anspruch gerecht zu werden. So waren die Römer bereit, sich in ihr Schicksal zu ergeben, vielleicht auch in der Hoffnung, ihn noch formen zu können. Jedenfalls ließen sie den Priesterknaben zur Thronbesteigung in die Hauptstadt kommen.

Er kam, er wurde gesehen, und er schockierte selbst die hartgesottensten und gewiß nicht prüden Römer. Die Prozession zog sich endlos hin. Voran schritten

Musikanten mit Trommeln, Pauken und Blasinstrumenten, Schellen und Zimbeln. Den mit durchsichtigen, farbigen Seidentüchern verhüllten Tänzerinnen folgten hochnäsig dahinschreitende Kamelstuten, die auf ihren Rücken geschminkte Knaben in knappen Lendentüchern trugen, die sich in gezierter Haltung dem Blick der Masse darboten. Ihnen folgten, ebenfalls spärlich bekleidet, aber reich geschmückt, zierliche Mädchen und schlanke Jungen aus Nubien, die aus goldenen Füllhörnern die Blätter exotischer Blumen auf die Via Sacra, den Weg zum Forum Romanum, streuten. Nach ihnen kamen Farbige mit Kronen aus Pfauenfedern, mit Leoparden an goldenen Ketten, und schließlich, sozusagen als Leibgarde für den Kaiser, muskelbepackte Syrer auf edlen Schimmeln, an der Seite mächtige Krummschwerter und auf dem Kopf reich verzierte Helme aus purem Gold. Hinter ihnen gingen einhundert mit langen weißen Seidengewändern bekleidete Baalpriester, auf dem Kopf einen hochaufragenden, konischen Kopfschmuck, der den heiligen Stein ihres Gottes symbolisierte. Jeder von ihnen schwenkte ein goldenes Weihrauchgefäß, die meisten so heftig, daß der süße Duft des arabischen Harzes hoch in die Lüfte aufstieg und bald ganz Rom davon erfüllt war. Als die Menge schließlich den Kaiser erblickte, wurde ein Raunen laut. Er war zunächst nur von hinten zu sehen, sein lockiges, schwarzes Haar, das ein goldenes, edelsteinbesetztes Diadem schmückte und seine bunten, golddurchwirkten Seidengewänder. Denn der Kaiser ging, tänzelte vielmehr rückwärts, die beringten Hände anbetend erhoben.

Sein Blick war starr auf einen Stein gerichtet, den heiligen Stein seines Gottes, dessen Namen der Kaiser fortan trug und als dessen Stellvertreter auf Erden er nach Rom gekommen war, um die Herrschaft in sei-

nem Namen auszuüben. Auf einem reich geschmückten, von sechs mit goldenem Zaumzeug geschmückten Schimmeln wurde dieser schwarze, konisch ge-
formte Stein befördert. Den Platz neben dem
Heiligtum nahmen des Kaisers Mutter und Großmutter ein. Erst als der Wagen vorüber gefahren war, machte sich in der Menge ein Tuscheln breit: Der Kaiser war
wie ein Mädchen geschminkt. Seine strahlenden Augen hatten ihren Glanz offensichtlich Essenzen zu verdanken und um den Hals trug er eine schwere Perlen-
kette.

Was folgte, nachdem der Schwarze Stein Gottes seinen neuerrichteten Tempel auf dem Palatin bezogen
hatte, war eine vierjährige Orgie. Mit der Obersten der
vestalischen Jungfrauen sollte der Kaiser »göttliche
Kinder« zeugen, während er gleichzeitig in der ganzen
Stadt nach jungen Männern suchen ließ, die die andere
Seite seiner unersättlichen Begierde befriedigen sollten. Manchmal, so berichtete der römische Senator und
Historiker Cassius Dio empört, verkleidete er sich gar
als Hure, um auf den Straßen Roms nach neuen Freiern
zu suchen. In ganz Italien ließ er schöne Kinder vor-
nehmer Familien einfangen, um sie dem Gott zu opfern. Statt Gold und Silber ließ er gemästetes Vieh, Ka-
mele, Esel und Sklaven unter das Volk werfen, weil das,
seiner Meinung nach, »wahre Kaiser tun«. Im Speise-
saal seines Kaiserpalastes im Osten der Stadt, der nach
der »syrischen Sau« (sus e sorianum) bald im Volks-
mund nur noch »Sessorium« hieß, ließ er eine abkipp-
bare Decke einbauen, und so viele Veilchen und andere Blumen auf seine Gäste »regnen«, daß einige von
ihnen buchstäblich erstickten. Während er sich fortan
im palasteigenen Amphitheater an Gladiatorenspielen
ergötzte, entstand direkt neben dem »Sessorium« eine
öffentliche Therme, in der er immer wieder nach neu-

en Opfern für seine Verlustierungen suchte. Als er schließlich offiziell einen muskelbepackten Athleten heiratete, einen Tänzer zum Präfekten der Prätorianergarde – der kaiserlichen Leibwache – und einen Friseur zum Präfekten der Kornversorgung ernannte, als er, wie sein Biograph Aurelius Victor befremdet berichtet, »die obszönsten Menschen auf dem ganzen Erdkreis zu sich kommen« ließ, trieb er es den altehrwürdigen Senatoren Roms zu toll. Schließlich wurden Elagabal und seine Mutter kurzerhand ermordet und in den Tiber geworfen. An seiner Stelle hob man den dreizehnjährigen Severus Alexander auf den Thron.

Mit Elagabal (218–222), dem unrühmlichsten Lüstling, der je zum Kaiser von Rom erhoben wurde und seinem Versuch, den Steinkult zur Staatsreligion des Reiches zu erheben, endete das Zeitalter Baals. Der heilige Stein des Gottes wurde kurzerhand aus Rom verbannt, sein Tempel und die Altäre des Elagabal, alles mußte verschwinden. Nur das Sessorium, der Prunkpalast des Kaiser-Knaben, wurde von seinem Nachfolger dankbar übernommen, bis er, ein Jahrhundert später, von Julia Flavia Helena bezogen wurde, der Mutter Konstantins des Großen. Nachdem diese von einer Pilgerreise ins Heilige Land die Reliquien des »wahren Kreuzes« Jesu Christi und der Kreuzesinschrift mit nach Rom brachte, verfügte sie, daß der einstige Sündenpfuhl nach ihrem Tod in eine Kirche umgewandelt werden sollte. So entstand die »Basilica di Santa Croce in Gerusalemme« (Basilika vom Heiligen Kreuz in Jerusalem), heute eine der sieben Hauptkirchen der Ewigen Stadt.

Bevor er nach Rom kam, war Elagabal Hohepriester und damit Stellvertreter des gleichnamigen Gottes in Emesa in Nordsyrien gewesen, an das Baalbek längst seinen einstigen Rang als Zentrum des El/Baal-Kultes abgetreten hatte. Über die Geschichte des »Schwarzen Steins« ist wenig bekannt. Münzen des Elagabal zeigen ihn als konisches, sich nach oben verjüngendes Gebilde, das auf dem Triumphwagen des Sonnengottes gefahren wurde. Es hieß, er sei vom Himmel gefallen, was auf einen Meteoriten hindeutet. Vielleicht wurde er mit dem »flüsternden Stein« des Baal identifiziert, von dem der Baal-Mythos berichtet.

Der Schwarze Stein des Elagabal und der Schwarze Stein in der Kaaba von Mekka sind nur die beiden bekanntesten Beispiele für einen Stein- oder Meteoritenkult, der bei den semitischen Stämmen häufig zu finden war. So trugen einige Stämme Arabiens gleich paarwcisc hciligc »Bctyl«-Stcinc in transportablcn Schreinen – ähnlich der Bundeslade oder des Wagens des Elagabal – auf ihren Wüstenwanderungen mit sich. Betyl-Schreine wurden in Beth-Shean gefunden, südlich des Sees Genezareth, einer Stadt aus dem 14. Jahrhundert v. Chr., und in Jericho, der ältesten Stadt der Welt: Ihre früheste Ebene datieren Archäologen in das 8. Jahrtausend v. Chr., und eben aus dieser Periode wurde ein Tempel ausgegraben, in dessen Zentrum einst ein ovaler Stein aufrecht auf einem Sockel stand. Auch im Gebiet der Nabatäer, dem heutigen Südjordanien und Nordarabien, ist der Steinkult nachgewiesen. Noch in den mittelalterlichen Texten finden wir den Verweis auf den »lapis betilis«, der »semitischen Ursprungs« ist, und später von den Griechen und Römern als Bezeichnung für heilige Steine übernommen wurde. Von ihnen wurde angenommen, daß sie ein göttliches Leben besitzen, Steine mit einer Seele seien, die zu abergläubischen Zwecken, Magie und Wahrsagerei benutzt wurden. Es waren Meteoriten, die vom Himmel »fielen«, wie es im *Lexikon der griechischen und römischen Mythologie* von Wilhelm H. Roscher heißt. »Betyl« ist wahrscheinlich eine Verballhornung des hebräischen »Beth-El«, das soviel wie »Haus Gottes« bedeutet.

Einen solchen Beth-El finden wir auch in der Bibel. Hier steht der Begriff für jenen Stein, den Jakob als Kopfkissen benutzte, als er seine Vision von der Himmelsleiter hatte: »Und er träumte: Eine Leiter stand auf der Erde, ihre Spitze berührte den Himmel. Gottes Engel stiegen auf und nieder.« Oben aber stand Gott selbst, der ihm prophezeite, daß das Land, auf dem er schliefe, seinen Nachkommen gehören würde. Diese würden »zahlreich sein wie der Staub der Erde«, und sich schließlich ausbreiten »nach Westen, Osten, Norden und Süden. In dir sollen gesegnet sein alle Geschlechter der Erde ...« (1. Mos. 18, 11-15). Eines Tages, so schloß der Herr, würden seine Nachkommen in dieses Gelobte Land zurückkehren.

Die Juden der folgenden Jahrhunderte mochten die Prophezeiung auf diese Knechtschaft in Ägypten oder die babylonische Gefangenschaft bezogen haben. Wirklich erfüllt hat sie sich jedoch erst zwei Jahrtausende später, als der römische Kaiser Titus im Jahre 70 n. Chr. Jerusalem und den Tempel zerstörte, und das jüdische Volk in alle Winde zerstreute oder in die Sklaverei führte. Damit begann die eigentliche Diaspora, die »Verstreuung« der Juden in die entferntesten Winkel der Welt. Erst in unserer Zeit löste Gott sein Versprechen ein, führte Jakobs Nachkommen wieder zusammen in das versprochene Land, in dem 1948 der Staat Israel gegründet wurde. Israel war der Name, den Gott selbst später Jakob verlieh, als dieser mit einem Engel gerungen hatte.

Als Jakob aus seinem Traum erwachte, wußte er, daß der Stein zu ihm gesprochen hatte. In ihm war

Gott. Und so »nahm [er] den Stein zu seinen Häupten und setzte ihn zu einem Denkstein; dann goß er Öl auf seine Spitze. Er nannte jenen Ort Betel, Haus Gottes.« (1. Mos. 28, 18.19) Zwei Jahrtausende lang wurde der Orakelstein verehrt, dann geriet er in Vergessenheit. Glauben wir einer schottischen Tradition, so befindet er sich heute in Edinburgh, in dessen Burg er erst am 30. November 1996 unter großem Pomp zurückkehrte.

Die Schotten nennen den Bethel-Stein den »Stein des Schicksals«. Als der englische König Edward I. Schottland im Jahre 1296 eroberte, war es sein erstes Ziel, in den Besitz des Schicksalssteins zu kommen. Dieser befand sich damals über zweihundert Jahre lang in der Abtei von Scone, wo ihn König Kenneth II. von Schottland einst auf einem Holzsockel vor dem Hochaltar aufstellen ließ. Als Edward I. nach England zurückkehrte, brachte dieser den Stein in die Abtei von Westminster. Er ließ ein eigenartiges Reliquiar anfertigen, das fortan als »Krönungsstuhl« der englischen Könige dienen sollte, und auf dessen Sitz der Stein gelegt wurde. Auf diese Weise, so glaubte er, würde er seinen Nachfolgern auf ewige Zeiten die Herrschaft über die aufmüpfigen Highlander sichern. So blieb es dann auch 700 Jahre lang, bis sich der britische Premierminister Tony Blair zu der historischen Rückgabe entschied, da er den Schotten größere Unabhängigkeit versprochen hatte.

Der »Schicksalsstein« ist ein rechteckig geformter Sandstein, 66 × 41 × 27 Zentimeter groß und 135 Kilogramm schwer. In ihm sind zwei Metallringe eingelassen, durch die einst wohl Stangen gesteckt wurden, um ihn auf diese Weise zu transportieren. Dabei ist fraglich, ob dieser Stein den eigentlichen Bethel verkörperte, oder ob die Schotten die bedeutendere Reliquie rechtzeitig in Sicherheit bringen konnten. So berichtete der schottische *Morning Chronicle* vom 2. Januar 1809, daß nach schweren Regenfällen und Erdrutschen auf dem Gelände des Schlosses von Macbeth, Dunsinane in Perthshire, eine aufsehenerregende Entdeckung gemacht worden sei. Bei den Aufräumarbeiten stieß man, so die Zeitung, in drei Metern Tiefe auf »ein Gewölbe von sechs Fuß Länge und vier Fuß Breite. Aus Neugierde legten die Männer die unterirdische Kammer frei. Inmitten der Ruinen entdeckten sie schließlich einen 500 Pfund schweren Stein von meteoritischer oder halb-metallischer Art. Dieser Stein mußte sich seit der Herrschaft des McBeths (Macbeth) hier befunden haben«. Weiter hieß es, der Stein sei zur Untersuchung nach London geschickt worden, habe sein Ziel jedoch nie erreicht. Jemand ließ ihn auf der langen Reise einfach verschwinden, daher muß angenommen werden, daß er sich immer noch in Schottland befindet.

Was auch immer es mit diesem zweiten Stein auf sich hat, es scheint doch festzustehen, daß der heute in Edinburgh aufgetauchte »Schicksalsstein« aus Palästina stammt. Jedenfalls sind die Geologen Prof. Totten von der Yale-Universität und Prof. Odlum von der Universität Ontario dieser Ansicht, da sie ihn aufgrund seiner mineralogischen Konsistenz einer Gesteinsschicht zuordnen konnten, die sich in unmittelbarer Nähe des biblischen Bethel befindet. Dieser Umstand verleiht der ansonsten so phantastischen schottischen Legende, daß zwei jüdische Priester den Stein zuerst nach Irland vor den Römern in Sicherheit gebracht hätten, wenigstens eine gewisse Glaubwürdigkeit. Beziehungen zwischen der Levante und den britischen Inseln sind nachgewiesen, sie dienten den seefahrenden Phöniziern als Zinnlieferant. Erst im

9. Jahrhundert, als Fergus Mor McErc Schottland und Irland zu einem Königreich vereinte, gelangte der Schicksalsstein nach Schottland, und schließlich nach Scone in das Kloster, das König Kenneth II. an der Stätte einer Entscheidungsschlacht gegründet hatte.

Es steht außer Frage, daß auch der »konische Stein« des Elagabal in die semitische Tradition der göttlichen Betals/Bethels gehört, doch seine konische Form enthüllt noch etwas anderes über seine wahre Natur: Er muß ein Omphalos gewesen sein, ein »Nabel der Welt«. Er war ursprünglich so untrennbar mit Baal und seinen Heiligtümern verbunden, daß es fast sicher ist, daß er entweder Symbol für den »flüsternden Stein« des Gottes oder eben dieser selbst war.

Da wäre zunächst einmal Baalbek selbst, das die Griechen »Heliopolis«, die »Sonnenstadt« nannten, weil Baal der Sonnengott war. Bei den Juden hieß es Beth Schemesch, das »Haus des (Sonnengottes) Schamasch«, wobei man zwischen einem nördlichen – eben Baalbek – und einem südlichen, nämlich Heliopolis in Ägypten unterschied. In diesem »Heliopolis des Südens«, so schreibt der Römer Macrobius, wurde einst ein »geheiligter Stein des Sonnengottes« verehrt, der später in das »Heliopolis des Nordens« gebracht wurde: »Jetzt wird der Gegenstand mehr von den Assyrern verehrt als in den ägyptischen Riten.« Wahrscheinlich bezieht er sich dabei auf den »Ben-Ben-Stein«, von dem altägyptische Texte berichten. In diesen heißt es, daß die Welt einst auf dem Hügel von Heliopolis erschaffen wurde. Das war natürlich symbolisch zu verstehen, so wie jede Zikkurat stellvertretend für den Götterberg stand, auf den die Anunnaki einst herabstiegen, um die Erde zu kolonisieren. Der Gott Ptah (»der Entwickler«), der nach dem ägyptischen Mythos hier vom Himmel stieg, scheint identisch mit dem Enki der Sumerer zu sein, jedenfalls erfüllte er dieselbe Aufgabe. Er brachte das Ben-Ben, das ägyptische ME, mit zur Erde, er erbaute die erste Stadt, eben Heliopolis, die er nach dem Himmelsgott An – dem Anu der Sumerer – benannte.

Das *Wörterbuch der ägyptischen Sprache* leitet das Substantiv »bnbn« vom Verb »wbn« ab, das die Bedeutung von »glänzen« und »scheinen« hat. Die Hieroglyphe für »Ben« zeigt einen konischen Gegenstand, der auch als »Nabel der Welt« verehrt wurde. Die Ben-Ben-Verehrung geht auf die Frühzeit Ägyptens, die ersten drei Dynastien des Alten Reiches (also die Zeit von ca. 2900–2575 v. Chr.) zurück. Auch in den Grabinschriften des Pharaos Seti I., der im 14. Jahrhundert v. Chr. lebte, wird ein konischer Gegenstand dargestellt, der als Kommunikationsinstrument des verborgenen Gottes Seker bezeichnet wird und mit dem »jeden Tag zu Seker gesprochen wurde«. Plinius der Ältere, der römische Naturgeschichtler, erzählt, daß auf dem »Sonnenstein« von Heliopolis der Vogel Phoenix – ägyptisch: Benu-Vogel – nistete, der in Flammen aufging und aus der Asche erstieg, um für 500 Jahre das Land zu verlassen. Offensichtlich war der Phoenix ursprünglich ein Symbol des Schöpfergottes Atum, den einige Ägyptologen mit Ptah gleichsetzen, der wiederum mit Enki identisch wäre, und so heißt es in der Pyramideninschrift des Unas, des letzten Herrschers der 5. Dynastie (2355–2325 v. Chr.): »Oh Atum, Schöpfer. Du wurdest groß im Himmel, du stiegest auf vom Ben-Ben-Stein, im Tempel des Benu in der Stadt Anu.«

Noch im 4. Jahrhundert v. Chr. wurde ein »umbilicus« oder »omphalos« – »Nabel«, wie die Römer und Griechen den konischen Stein nannten –, im Amuntempel der Oase Siwa verehrt. Dies war das alte Orakelzentrum in der libyschen Wüste, das auch Alexander der Große im Jahre 332 v. Chr. aufsuchte, um sich seine Zukunft voraussagen zu lassen, bevor er aufbrach, um sich Asien zu unterwerfen. »Das Ding, das dort wie ein Gott angebetet wird, hat nicht die Form, die Götterbilder gewöhnlich haben. Es gleicht vielmehr einem umbilicus, und es besteht aus einem Smaragd und zusammengefügten kleinen Edelsteinen«, schreibt der Römer Quintus Curtius. Das erinnert an die »tabula smaragdina«, die Smaragdtafel des Hermes Trismegistos, in der, der hermetischen Tradition zufolge, »alles Wissen der Welt« enthalten sein soll. Der weitgereiste Herodot, der griechische »Vater der Geschichtsschreibung«, weiß schließlich von einem »Tempel des Herkules« in Phönizien, in dem es zwei »Säulen« gab, zu berichten: »Die eine war aus reinem Gold, die andere aus Smaragd, stark glänzend in der Nacht.«

»Das alles scheinen nicht bloße Zufälle gewesen zu sein, und man fragt sich unwillkürlich: Wenn in all diesen Orakelzentren ein Omphalos als Heiligtum verwahrt wurde, war dann der Omphalos selbst die Quelle des Orakels?«, überlegt dann auch der Orientalist Zecharia Sitchin in seinem Buch *Stufen zum Kosmos*. War der Omphalos gar der »strahlende Stein« des Baal,

> »ein Stein, der flüstert:
> Die Menschen werden seine Botschaft nicht wissen,
> die Massen auf Erden sie nicht verstehen«,

von dem im Baal-Epos die Rede ist?

In einer sorgfältigen Studie über den Ursprung des Omphalos-Kultes weist der Historiker Wilhelm H. Roscher nach, daß das indo-europäische Wort »Nabel« – »navel« im Englischen – von dem Sanskritwort

»nabh« abstammt, was so viel wie »stark ausstrahlen« heißt. Da ist es gewiß kein Zufall, daß in den semitischen Sprachen »naboh« »voraussagen« und »nabih« »Prophet« bedeuten. Wahrscheinlich haben alle diese Begriffe einen gemeinsamen Ursprung, den wir, wieder einmal, im Land zwischen Euphrat und Tigris finden. Denn dort, bei den Sumerern, war ein Naba(r) ein »glänzend heller Stein, der erklärt«.

Wir haben gesehen, wie die MEs mit Baal ihren Weg von Sumer nach Phönizien und Ägypten nahmen, wo in den beiden Städten mit dem Namen Heliopolis die ersten Orakelzentren entstanden. Herodot erzählt, daß die Phönizier nicht nur das Orakel in der Oase Siwa begründeten, sondern auch die berühmten Orakelzentren Griechenlandes. Elagabal war also, bei aller Exzentrik, nur der letzte in einer Reihe von antiken Priestern und Priesterinnen, deren Ziel es war, die MEs in aller Welt zu verteilen. Den Anfang, so der »Vater der Geschichtsschreibung«, machten »zwei heilige Frauen«, von denen die eine von den Phöniziern »in Libyen verkauft (wurde), die andere in Griechenland«. Diese Frauen gründeten in den beiden Ländern die ersten Orakel, nämlich in Siwa und in Dodona. Die Griechen hielten Siwa und Dodona am Berg Tomaros in der nordwestgriechischen Landschaft Helliopa – die Verbindung zu Heliopolis liegt nahe – für »Zwillingsstätten«, ganz wie es die beiden Städte Heliopolis in Ägypten und im Libanon waren. Der griechische Dichter Nonnos behauptet sogar in seiner *Dionysiaca*, zwischen den beiden Orakelschreinen hätte eine »Sprechverbindung« bestanden. Einen weiteren Omphalos gab es in der Orakelstätte Nubiens, der »Pyramidenstadt« Napata. Seine Entdeckung durch George A. Reisner von der Harvard-Universität wurde 1916 von F.L. Griffith im *Journal of Egyptian Archeology* ausführlich diskutiert. Der Omphalos wurde in den Ruinen des Allerheiligsten eines Tempels des ägyptischen Gottes Amun gefunden, der auch in der Orakelstätte Siwa verehrt wurde, und glich auf auffällige Weise dem Omphalos von Delphi, der berühmtesten griechischen Orakelstätte.

Das Heiligtum von Delphi war Apollon (»Der aus Stein«) geweiht, der als Sonnengott dem phönizischen Baal entsprach und mit diesem auch von diversen antiken Autoren gleichgesetzt wurde. Wie Baalbek, so war auch Delphi auf einer künstlichen Plattform errichtet, die einst in einer Höhe von 570 Metern auf einer halbkreisförmigen Berglehne zwischen zwei steil abstürzenden Felswänden angelegt worden war. Die zahlreichen Beschreibungen Delphis durch antike Autoren betonen einhellig die Bedeutung des Omphalos dieser Stadt. Er stand im Allerheiligsten des Apollon-Tempels, in einer unterirdischen Kammer, den Blicken der Besucher verborgen. Entweder in derselben oder einer benachbarten Krypta saß die Pythia, die Seherin von Delphi, die den Ratsuchenden in dunklen, rätselhaften Aussprüchen ihre Fragen beantwortete. In Trance versetzt lauschte sie dem, was der Gott ihr durch den heiligen Stein offenbarte.

Es heißt immer, diese Antworten seien so ungenau gewesen, daß alles in sie hineininterpretiert werden konnte. Das mag in vielen Fällen gestimmt haben, keineswegs aber in allen. So berichtet uns Herodot, daß König Kroisos von Lydien (560–546 v. Chr.) – der als steinreicher Krösus in die Geschichte einging – eines Tages überlegte, welches Orakel er befragen solle, ob es ratsam sei, gegen die Perser Krieg zu führen. Schließlich entschied er sich, sie alle einer Prüfung zu unterziehen. So schickte er Boten an die bekannten

Orakelstätten, nach Delphi, Abai, Dodona, »zu den Branchiden im milesischen Land« und nach Libyen zur Oase Siwa. Die Frage, die seine Boten an einem genau festgesetzten Tag zu einer bestimmten Stunde dem Orakel stellen sollte, lautete: Womit beschäftigt sich der König gerade? Um es dem Orakel nicht gerade einfach zu machen, dachte er sich etwas ganz besonders Raffiniertes aus. Er zerschnitt eigenhändig erst eine Schildkröte, dann ein Lamm und kochte beide zusammen in einem ehernen Kessel mit ehernem Deckel. Einige Wochen später kehrten die Boten zurück, und einer nach dem anderen verlas seine Antwort. Keine kam dem, was Kroisos getan hatte, auch nur im entferntesten nahe, mit Ausnahme des Orakelspruches von Delphi. Der aber beeindruckte den reichen König so sehr, daß er ihn für alle Zeiten festhalten ließ, bevor er die Orakelstätte mit Geschenken geradezu überhäufte. Zuerst ließ er 3000 Opfertiere schlachten, dann stiftete er dem Apollon-Heiligtum 117 Goldbarren mit einem Gesamtgewicht von 6136 kg, wie uns Herodot minutiös aufrechnet, und einen goldenen Löwen, 260 kg schwer, dazu goldene und silberne Mischkrüge sowie andere Kultgegenstände. Wie aber lautete der Orakelspruch, der den großzügigen Kroisos so tief beeindruckte? Herodot zitiert ihn:

> »Duft stieg auf mir zu Sinnen der hartumschildeten Kröte,
> welche gemenget in Erz mit Lammfleisch eben gekocht wird;
> untergebreitet ist Erz und Erz von oben als Hülle.«

Kein Wunder also, daß er fortan dem Orakel blind vertraute. Er tat dies auch, als es auf seine Frage nach dem Krieg gegen die Perser antwortete: »Wenn er gegen die

Perser in den Krieg zöge, würde er ein großes Reich zerstören.« Das klang hoffnungsvoll, vielversprechend. Er ahnte nicht, daß er bei dieser so ungemein wichtigen Frage das Orakel offenbar an einem schlechten Tag erwischt hatte. Vielleicht wollte der Gott auch nicht so direkt in die Weltgeschichte eingreifen. Mit dem »großen Reich«, das Kroisos schließlich zerstörte, als er gegen Persien zog, war jedenfalls sein eigenes Königreich gemeint.

Der Omphalos von Delphi ist schon längst verschwunden, im Museum der Stätte jedoch befindet sich eine römische Kopie. Danach handelt es sich bei dem einstigen »Nabel« um ein bienenkorbförmiges, sich verjüngendes Gebilde, umgeben von einem Netz oder Geflecht, dessen Knotenpunkte mit Edelsteinen besetzt waren. Antike Darstellungen zeigen es zusammen mit zwei Adlern auf einer steinernen Plattform. Die griechische Sage erzählt, daß der Nabel von Delphi der Mittelpunkt der Welt sei. Um ihn zu bestimmen, hatte Göttervater Zeus einst an den beiden Enden der Welt zwei Adler ausgesandt, die aufeinander zuflogen – und sich in Delphi trafen.

Als Archäologen den Orakeltempel von Siwa ausgruben, fanden sie dort nicht nur unterirdische Geheimgänge, sondern auch ein von dicken Mauern umgebenes Allerheiligstes von etwa 60 Quadratmetern Größe. In seinem Zentrum befand sich eine steinerne Plattform, auf der wohl einst, ganz wie in Delphi, der Omphalos stand. Phönizische Münzen zeigen den Omphalos von Byblos auf einer ebensolchen Plattform. Kurioserweise begegnen uns auf einigen phönizischen und syrischen Münzdarstellungen aus hellenistischer Zeit die »Omphaloi« auch paarweise als »Sonnensäulen« oder »Steine der Götter«, den beiden Säulen entsprechend, die auch Herodot beschreibt, oder ähnlich den Säulen des Hermes Trismegistos. Wo immer sie standen, war der Mittelpunkt der Welt.

Für die Moslems ist noch heute der Schrein des »schwarzen Steins Gottes«, die Kaaba in Mekka, der Mittelpunkt der Welt, in dessen Richtung sie, wo immer sie sich befinden, dreimal am Tag zu beten verpflichtet sind. Für Juden und Christen nimmt Jerusalem, die Stadt des Salomonischen Tempels, dieselbe Stelle ein. Hier stand einst die Bundeslade mit den beiden Gesetzessteinen im Allerheiligsten des Tempels, dem »Dvir«, dem Ort, »wo das Gespräch stattfindet«, das mosaische Orakel befragt wurde. Doch anders als in Delphi und Siwa war hier kein künstlicher Sockel nötig. Denn seit undenklichen Zeiten befand sich an eben dieser Stelle der heilige Felsen, auf dem Abraham einst beinahe seinen Sohn Isaak opferte, und der von Salomon bewußt zum Zentrum seiner Tempelplattform gewählt wurde. In jüdischen Schriften wird er als der »Even Sheti'yah«, als »Grundstein« bezeichnet, von dem aus »die ganze Welt gewoben wurde«. Später galt er als Mittelpunkt der Erde, als »Nabel der Welt«. Selbst die Moslems, die über ihm im 7. Jahrhundert den Felsendom erbauten, glauben, daß von hier aus ihr Prophet Mohammed zu einem nächtlichen Besuch in den Himmel aufstieg. Noch heute sieht man auf seiner Oberfläche die rechteckige Ausmeißelung, in die einst die Bundeslade eingelassen wurde. Der heilige Felsen von Jerusalem ist innen hohl, durchzogen von einem Netz von Gängen und Höhlen, von den Moslems als »Seelenbrunnen« bezeichnet. Wir wissen nicht, welche Geheimnisse sie bergen, denn die moslemische Tempelberg-Verwaltung, der Waqf, verbietet jede archäologische Untersuchung. Zu groß ist die Angst, daß man dabei auf verborgene Schätze des jüdischen Tempels stößt, die den Anspruch der Israelis auf die Stätte ihres Tempels zum Politikum werden lassen könnten.

Doch es gibt noch eine andere Kultur, in der Omphaloi verehrt wurden, und das ist Indien. Dort heißen die konischen Steine Shivalinga, wörtlich »Phallus des Gottes Shiva«, was sich sowohl auf ihre Form als auch auf ihre Funktion als Fruchtbarkeitssymbol bezieht. Doch die Shivalinga-Steine waren mehr. Ihre Verehrung garantierte die Fruchtbarkeit der Natur, gutes Wetter, eine reiche Ernte, die Harmonie mit der Schöpfung. Wie Jakob den Beth-El mit Öl übergoß, so wusch man die Shivalinga-Steine mit Milch oder Joghurt und verehrte sie durch kreisende Bewegung mit einer Lampe aus brennendem Butterfett, wozu sich ewig wiederholende Mantren gechantet wurden, meist »Om Namah Shivaya«, »ich verbeuge mich vor Dir, Shiva«. Im Shivalinga war der Gott gegenwärtig. Es gab die zwölf Großen Shivalingas – die Hauptheiligtümer des Gottes in Somanatha/Gujarat, Mallikarjuna, Mahakalesvara in Ujjain, Omkara-Mandhatta an dem Narmada, Amareshvara in Ujjain, Vaidyanatha in Deogarh/Bengalen, Rameshvara an der Südspitze Indiens, Bhimashankara in Dracharam, Vishveshavara (»Herr des Universums«) in der heiligen Stadt Benares, Trambaka am Ufer der Gomati, Gautamesha und Kedarnatha hoch im Himalaya – und unzählige kleine, es gibt praktisch in jedem Dorf welche. Als Shivalinga-Steine galten konisch geschliffene Kiesel aus der Ganga, dem Heiligen Fluß Ganges, speziell dann, wenn ihre Maserung ein »heiliges Zeichen« bildete. Vor ihnen versetzten sich die shivaitischen Orakel in Trance, wieder heilige Mantren chantend, durch die schließlich der Gott selbst sprach.

Doch die Shivalingas waren nicht die einzigen heiligen Steine Indiens. So berichten indische Mythen von den unterirdischen Höhlenstädten der Nagas oder

»Schlangenmenschen«, die durch »magische Steine« beleuchtet würden. Im *Vishnu Purana*, einer der alten heiligen Schriften Indiens, wird Patala, die Hauptstadt der Nagas, beschrieben. Zwar sähe dort niemand Sonne und Mond, doch würden an ihrer Statt »Sonnen- und Mondsteine« die Himmelsleuchten ersetzen. Für die russische Okkultistin Helena Petrowna Blavatsky, die jahrelang bei den Meistern Indiens und des Himalaya die Geheimwissenschaften studierte, waren die Nagas »keine Reptilien, sondern Weise, deren Symbol die Schlange war, Symbol der Unendlichkeit«. Sie lebten im Verborgenen, um das Erbe ihrer Vorfahren zu bewahren. Der Sitz dieser geheimen Bruderschaft liege in den Tiefen des Himalaya, es sei ein Ort namens Shambhala, »das geheime Weltzentrum im Herzen Asiens«. Auch dort würde ein heiliger Stein verehrt werden, der »Chintamani«, – wörtlich: »das wunscherfüllende Juwel« – der »Schatz der Welt«.

Im März 1925 brach in Srinagar, der Hauptstadt Kaschmirs, eine Expedition auf, deren Ziel es war, diesen heiligen Stein zu finden und in den Westen zu bringen. Es war eine der ungewöhnlichsten Unternehmungen des 20. Jahrhunderts. In den folgenden Jahren sollte eine aus 103 Kamelen, Pferden, fünf Lastkarren, einigen Dutzend Trägern und drei Russen bestehende Karawane über 24 000 Kilometer im unzugänglichsten Teil der Welt zurücklegen. Dabei passierte sie auf uralten Karawanenwegen und Bergpfaden schneebedeckte Pässe, die kargen Ausläufer der Wüste Gobi und das winddurchwehte Hochland Tibets. Der Leiter dieser gefährlichen Expedition war kein Abenteurer oder Bergsteiger, sondern ein Philosoph und Maler. Nikolas Konstantinowitsch Roerich (1874–1947) ging als eines der großen Genies des zu Ende gehenden Jahrhunderts in die Geschichte ein.

Zehn Jahre nach der Expedition veränderte Roerich die Welt. Am 14. April 1935 unterzeichneten die Staatsoberhäupter aller 21 Mitgliedsstaaten der »Panamerikanischen Union«, die Nord- und Südamerika einschloß, im Oval Office des Weißen Hauses sein Lebenswerk, den »Roerich-Pakt« zum Schutz von Kulturgütern im Kriegsfall. »Mit diesem Vertrag gewährleisten wir die Bewahrung eines der Prinzipien, die lebenswichtig sind für die Erhaltung der modernen Zivilisation. Dieser Vertrag hat eine spirituelle Signifikanz, die weit tiefer liegt, als es sein Text ausdrückt«, erklärte US-Präsident Roosevelt, der als erster seine Unterschrift unter den Pakt setzte. Fast wäre ihm auch der Völkerbund, der Vorläufer der Vereinten Nationen, bcigctrctcn. Am 3. Internationalen Kongreß der »Roerich-Stiftung pro pace, arte, scientiae et laborae« (für den Frieden, die Kunst, die Wissenschaft und die Arbeit) nahmen Delegierte aus 35 Ländern der Erde teil, darunter zahlreiche Künstler, Politiker und Persönlichkeiten des öffentlichen Lebens. George Bernard Shaw, Albert Einstein, H.G. Wells und der spätere Literatur-Nobelpreisträger Rabindranath Tagore unterstützten das Projekt ebenso wie US-Präsident Henry Wallace und US-Staatssekretär Cordell Dull, der später als »Vater der Vereinten Nationen« in die Geschichte eingehen würde. Letzterer gehörte zu Roerichs engsten Freunden und sorgte dafür, daß die Ideale des Künstlers in der Charta der Weltorganisation zum Ausdruck kamen. Roerich selbst wurde 1935 von der Universität Paris und Mitgliedern des Norwegischen Parlaments für den Friedens-Nobelpreis vorgeschlagen. 1954 wurde der Roerich-Pakt als Vorlage für die Haager Konvention verwendet, die 1955 von 39 Staaten unterzeichnet wurde und die Kulturgüter im Kriegsfall schützen soll.

Es ist unbestreitbar, daß eine Verbindung zwischen der Friedensinitiative Roerichs und seiner Reise durch den Himalaya bestand. Die phantastische Erklärung für diese Verbindung lieferte Roerich selbst. Er behauptete, im Auftrag einer geheimen Gruppe von »Mahatmas« oder »Meistern« aus dem mythischen Reich Shambhala gehandelt zu haben. Ziel seiner Expedition war es, den »Schatz der Welt«, den Chintamani-Stein, zu finden und in den Westen zu bringen.

Tieferen Aufschluß über Shambhala finden wir in alten buddhistischen Schriften. So erzählt das Avatumsaka Sutra, daß die Menschen einst Falsches mit Wahrem verwechselten. Darum wurde ein geheimes Wissen geschaffen, das von den »Großen Lehrern des Himalaya« bewahrt wurde, mit denen nur »Seher durch die Reinheit des Herzens« kommunizieren könnten. Hier, in Shambhala, wurde der heilige Stein, in dem all dieses Wissen gespeichert war, verwahrt.

Schon früh war Roerich mit dieser Tradition in Kontakt gekommen. Als Sohn eines gebildeten Anwalts und Abkömmling einer alten Fürstenfamilie in St. Petersburg geboren, verbrachte er den Großteil seiner Jugend auf dem Familiengut »Iswara«. Dieser Name aus dem Sanskrit bedeutet soviel wie »Gottheit« und »Heiliger Ort«. In der Bibliothek seiner Familie fand er nicht nur uralte Chroniken, sondern auch die Bücher Helena Petrowna Blavatskys und die Übersetzung buddhistischer und hinduistischer Schriften. 1893 schrieb er sich in der Akademie der schönen Künste in St. Petersburg ein. Eines seiner ersten Gemälde, »Der Botschafter«, das 1897 entstand, widmete er Madame Blavatsky. Es zeigt die Okkultistin, wie sie einen ihrer Meister, einen Mann in einem langen, tibetischen Gewand, in einer Berghütte empfängt. Es folgten Hunderte weiterer Werke, die sich fast alle mit der bewegten Geschichte Rußlands sowie spirituellen und religiösen Themen befassten. Später schrieb ein Kritiker über Roerichs Malerei: »Er führt die Menschheit an die Pforten des Himmels. Die immense Schönheit einer längst vergangenen Zeit, die sich in seinen Werken spiegelt, erscheint wie eine Vision der Zukunft, eines Neuen Zeitalters, wenn das Streben nach Kunst und das Bemühen um ein Leben in Schönheit universelles Gut werden.«

Im Sommer 1899 lernte Roerich seine spätere Frau Elena Iwanowa kennen, eine grazile Schönheit mit dichtem, schwarzen Haar, die dem Hochadel entstammte. Auch sie beschäftigte sich mit dem Mystizismus, und war sogar medial begabt. Spätcr war sie es, die für Roerich mit den Meistern von Shambhala in Kontakt trat. Bald ein gefeierter Künstler, wurde Roerich in den Jahren nach seiner Heirat erst nach Italien, Deutschland, Holland und England, dann nach Frankreich und Skandinavien und schließlich in die Vereinigten Staaten eingeladen, wo man ihn 1920 begeistert feierte. In diesen Jahren, die gezeichnet waren durch die Schrecken des Ersten Weltkriegs und der Revolution in seiner Heimat Rußland, durch Blutvergießen und den Zusammenbruch der alten Ordnung, verdichtete sich in Roerich die Vision von einer besseren Welt. Aus den Trümmern sollte etwas Neues entstehen, und dafür war ein göttlicher Plan, ein ME, nötig. So legte der Künstler noch 1922 den Grundstein zum Roerich-Museum in New York und hielt Vorträge über spirituelle Themen, schrieb Bücher mit so bezeichnenden Titeln wie *Der segensvolle Pfad* und *Die Flamme im Kelch*; dann hatte er, unterstützt durch Spenden Gleichgesinnter, das Geld zur Finanzierung seiner »großen Reise« zusammen. Nach gründlicher Vorbereitung in Indien, das er in späteren Jahren zu seinem Wohnsitz machte, brach er, begleitet von der schönen Elena und seinem Sohn Georgij, schließlich auf.

Obwohl uns Roerich vier Bücher über seine Expedition hinterlassen hat – nämlich das Reisetagebuch *Altai – Himalaya* sowie *Himalayas – Das Reich des Lichtes*, *Das Herz Asiens* und *Shambhala –*, macht er nur Andeutungen über den wahren Zweck und das Ziel der Reise. So zitierte er einen Dialog, den er mit einem tibetischen Mönch führte:

»Lama, erzähle mir von Shambhala!«

»Gleich einem Diamanten glüht das Licht auf dem Turm von Shambhala«, erwiderte der Alte, »er ist da – Rygden-jyepo, der König von Shambhala, unermüdlich und stets wachsam um der Menschheit willen. Seine Augen schließen sich niemals. In seinem Zauberspiegel sieht er alles, was auf Erden geschieht. Und die Macht seiner Gedanken dringt bis in ferne Länder. Entfernung gibt es für ihn nicht; dem Würdigen kann er augenblicklich Hilfe bringen. Sein mächtiges Licht löscht das Dunkel aus. Seine unermeßlichen Reichtümer liegen für alle Bedürftigen bereit, die der Sache der Rechtschaffenheit gewillt sind zu dienen ... Unzählig sind die großen Dinge, vorbestimmt und vorbereitet. Durch die Heiligen Schriften wissen wir von der Lehre des Gesegneten über die Bewohner ferner Welten. Aus derselben Quelle haben wir von den Stahldrachen gehört und von eisernen Schlangen, die den Weltraum mit Feuer und Rauch verschlingen.«

Hat Roerich Shambhala je erreicht? Er schweigt sich darüber aus, doch in vier seiner Gemälde und durch eine Reihe von Hinweisen in seinen Büchern hat er den Schleier des Geheimnisses ein wenig gelüftet. Das erste der vier Gemälde, *Chintamani – Schatz der Welt*, entstand 1924, im Vorfeld der Expedition. Es

Die große Cheops-Pyramide von Gizeh –
ein Wunderwerk aus Stein.

Vom Hauptportal des Luxor-Tempels erstreckt sich eine Sphingen-
Allee, die ursprünglich zum Karnak-Tempel führte.
Diese sakrale Anlage wurde später durch ein Minarett ergänzt.

Rund 2000 Jahre lang haben die Pharaonen Ägyptens ihrem Gott
Amun zu Ehren die Tempelanlagen und Kultbauten erweitert.

Der großartige Eingang zur Karnak-Tempelanlage in Luxor.

Auf dieser Reliefplatte aus dem Thronsaal des Königs Assurbanipal in Ninive sind neben dem Lebensbaum mit der Schilderung
der Schöpfungsgeschichte zwei Anunnaki abgebildet.

Großartige, altägyptische Sakralbauten aus Granitgestein,
die zu den Wundern der Welt zählen.

Teilstück der größten neolithischen Steinkreisanlage der Welt:
Avebury im südwestlichen England.

Der Autor vor der 45 Meter hohen prähistorischen Stufenpyramide
Silbury Hill im südwestlichen England.

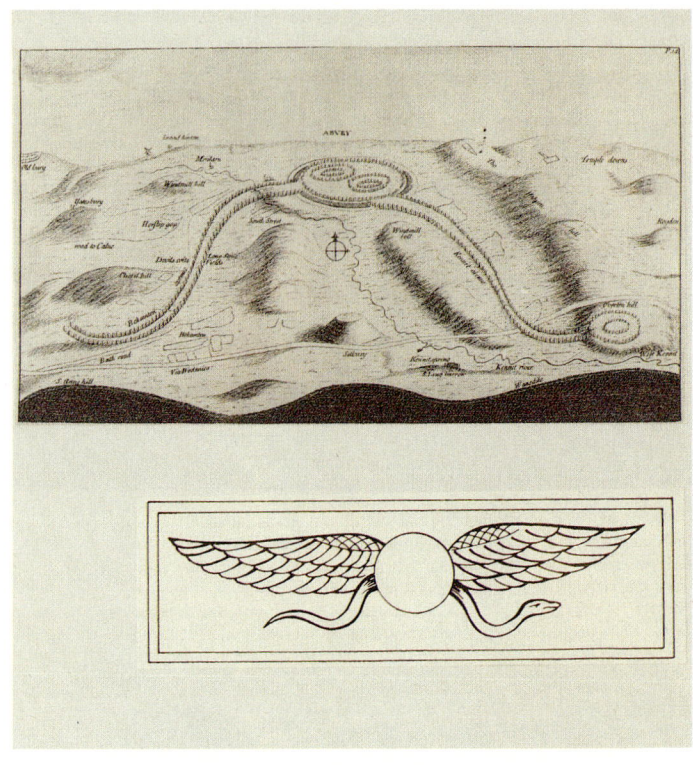

Der Grundriß der 6000 Jahre alten steinernen Monumentalanlage
von Avebury stellte ursprünglich eine riesige Schlange dar,
die einen Kreis durchquert. Erstaunliche Parallelen hierzu sind in
der mesopotamischen Symbolik vom »Ur-Monster Tiamat«
mit seinem magischen Stein zu finden sowie in Nibiru, der Welt
der Anunnaki.

»Tor« auf dem Hügel von Glastonbury,
im südwestlichen England. Es gilt auch als das mythische Avalon,
wo König Arthur begraben sein soll.

Stonehenge, die »hängenden Steine«, eine der berühmtesten
Steinkreisanlagen bei Salisbury, England.

Der Autor im Gespräch mit dem Begründer
der morphogenetischen Feldtheorie, Rupert Sheldrake.

zeigt ein Pferd, das Roß des Glücks der tibetischen Legende, das aus einem zerklüfteten Bergpaß hinabsteigt, im Hintergrund bewacht durch steinerne Wächter. Auf dem Rücken trägt es ein Holzkästchen, aus dem eine blaue leuchtende Flamme aufsteigt: darin befindet sich der heilige Stein. Das zweite Gemälde, *Verbrennen der Dunkelheit*, zeigt eine nächtliche Szene, in tiefblaues Licht getaucht. Aus einer Schlucht treten hinter einer Felswand neun Gestalten in langen, weißen Gewändern hervor, deren erster das leuchtende Kästchen mit dem Chintamani-Stein trägt. Es sind Mahatmas, die Meister von Shambhala. Doch in der vierten Reihe erkennt man eine kahlköpfige, bärtige Gestalt, begleitet von einer madonnenhaft schönen Frau: Elena und Nikolas Roerich, die offenbar ihr Ziel erreicht haben. Dreizehn Jahre später porträtierte der Künstler sich und seine Frau. Auf dem ersten Gemälde steht Elena in würdevoller Schönheit vor einem Seidenbild, davor ein Tisch, darauf ein Buch, eine Rose und ein Schrein: es ist das geheimnisvolle Holzkästchen, in dem auf den Gemälden von 1924 der Chintamani aufbewahrt wird. Dasselbe Kästchen hält Roerich, in ein tibetisches Gewand gehüllt, auf seinem Selbstporträt ehrfürchtig in den Händen.

»Wißt ihr im Westen etwas über den großen Stein, in dem magische Kräfte konzentriert sind? Und wißt ihr, von welchem Planeten der Stein kam?« läßt Roerich einen alten Lama in *Himalayas – Das Reich des Lichtes* fragen. »Das Wunder der Strahlen des Orion leitet die Menschen«, antwortet er und zitiert gewissermaßen als Antwort die Sage vom Chintamani-Stein. Erst Elena Roerich wird genauer. In ihrem Buch *Die Legende vom Stein* schreibt sie, wohl in Anspielung auf den Gralsmythos, ganz sicher aber auch auf das Gemälde ihres Mannes vom Glück verheißenden

Pferd: »Durch die Wüste komme ich – ich bringe den mit dem Schild bedeckten Kelch. In ihm befindet sich ein Schatz – das Geschenk Orions.« Dann zitiert sie das uralte Buch des Lun, in dem es heißt: »Als der Sohn der Sonne auf die Erde herabstieg, um die Menschheit zu lehren, fiel vom Himmel ein Stein, in dem die Macht der Welt verborgen lag.« Doch erst in einem weiteren Buch, *Auf östlichen Kreuzwegen* (1930), enthüllt sie, daß sie selbst diesen Stein gesehen hat, und beschreibt sein Aussehen: er habe »die Länge meines kleinen Fingers, grau schimmernd wie eine getrocknete Frucht oder ein Herz, auf ihm vier unbekannte Buchstaben … Seine Strahlung ist stärker als die des Radiums, jedoch in einer anderen Frequenz … Folgendes wird in Überlieferungen des Ostens von diesem Stein gesagt: ›Die Strahlen bestreichen ein riesiges Gebiet und beeinflussen die Ereignisse auf der Welt. Die Hauptmasse dieses Steins wird in einem Turm in der Stadt der Sterngeborenen – in Shambhala in Zentralasien – aufbewahrt.‹«

Auch der 13. Dalai Lama soll ein Fragment des magischen Steines aus einer fernen Welt besessen haben.

Wo befindet sich dieser sagenumwobene Stein heute? Wahrscheinlich irgendwo in New York, wohin Roerich unmittelbar nach seiner Rückkehr von der großen Reise 1929 fuhr, um – vom Stein oder den Meistern inspiriert – den Roerich-Pakt zu begründen. Gewiß ist es kein Zufall, daß das »Friedensbanner des Paktes« drei rote Kugeln auf weißem Untergrund, umgeben von einem roten Kreis, bilden – das buddhistische Zeichen für den Chintamani. Nun sollte es für die Dreiheit von Wissenschaft, Kunst und Religion stehen oder für vergangene, gegenwärtige und zukünftige Errungenschaften der Menschheit, geschützt im Kreis der Ewigkeit.

Vielleicht ist es Zufall, daß sechzehn Jahre später New York zum Hauptquartier der Vereinten Nationen erklärt wurde, eine Entscheidung, die auch auf den Einfluß von US-Staatssekretär Cordell Dull, einem engen Freund Roerichs, zurückgeht. Und es ist möglich, daß noch im 20. Jahrhundert ein ME die Geschichte beeinflußt hat.

Das Geheimnis der Steinkreise

Als am 5. Juni 1967 israelitische Luftwaffenpiloten über die karge Landschaft der Golan-Höhen donnerten, ahnten sie nicht, daß ihnen eine der größten archäologischen Entdeckungen ihrer Zeit bestimmt war. Inmitten der kümmerlichen, steinigen Weiden und der von Dornbüschen bewachsenen Hügel, die sie nach feindlichen Stellungen absuchten, fielen ihnen vier konzentrische Ringe um einen flachen Hügel auf. Sie vermuteten eine alte Bergfestung, und da weder Panzer noch Militärflugzeuge der Libanesen in der Nähe waren, nicht einmal ein Zufahrtsweg existierte, waren sie sicher, daß die Anlage, was auch immer sie darstellte, keine Gefahr für die nachkommenden Bodentruppen bedeutete. Da es galt, für Israel strategisch wichtige Positionen zu erobern, blieb keine Zeit zur Lösung von Rätseln. Erst Monate nach dem erfolgreichsten Blitzkrieg der jüngsten Militärgeschichte, in dem Israel die arabische Welt in nur sechs Tagen vor vollendete Tatsachen stellte und sein Territorium um den Golan, den Sinai und bis an den Jordan erweiterte, kamen die Ringe im Norden wieder in Erinnerung.

Als die neuen Grenzen, das Ergebnis des Sechstagekrieges, gesichert waren, kam eine Gruppe von Archäologen ins Land. Sie hatte den Auftrag, alle Hinterlassenschaften der reichen Vergangenheit dieses Hochlandes aufzulisten, insbesondere jene, die Zeugen einer einstigen jüdischen Besiedlung waren. Hintergrund war, daß in Israel die Altertumswissenschaft auch der Legitimation politischer Ansprüche diente.

So durchstreiften die Archäologen das karge Hügelland im Schatten der mächtigen, schneebedeckten Hermon-Berge, die, majestätisch wie Könige, das Land überragten –, und wurden fündig. Doch ihre Funde waren so ganz anders, als sie es sich erhofft hatten. Denn jenseits aller Dörfer, dort, wo nur noch Schafe und Ziegen weideten, fanden sie Hunderte von Grabhügeln und Dolmen, wie man sie sonst nur aus Nordeuropa kannte. Und auch der »Katzenhügel« (arabisch: Rujm el-Hiri, hebräisch: Rogem Hiri), wie die Einheimischen die konzentrischen Ringe nannten, hätte eher nach England oder Irland gepaßt. Die Hinterlassenschaft war jedenfalls nicht jüdischen Ursprungs.

Als der »Katzenhügel« nach etwa 20 Jahren, 1988, endlich freigelegt wurde, kam eine gigantische Anlage ans Licht: Ein etwa drei Meter hohes Ringsystem, an der äußersten Stelle mit einem Durchmesser von 156 Metern, schloß einen viereinhalb Meter hohen »Grabhügel« – wie die Archäologen annahmen – aus aufgeschichteten Steinen ein. Die vier konzentrischen Ringe (oder Kreise) waren teilweise parzelliert. An zwei Stellen, gen Nordwesten und Südosten, formten sie sich zu Eingängen oder Torwegen, deren Ausrichtung eine Bedeutung gehabt haben mußte. Diente die Anlage etwa astronomischen Zwecken, wie Stonehenge in Südengland? Sollte der Steinkreis etwa die kosmische Ordnung symbolisieren? Fest steht: Die Anlage, die man bald als den »Gilgal Refaim«, als den »Steinkreis der Riesen« aus der Bibel identifizierte, ist einzigartig im Nahen Osten. Nirgendwo sonst in der Levante, weder in Israel noch in Syrien oder im Libanon wurde je etwas ähnliches entdeckt. Zudem stammt sie aus grauer Vorzeit. Wie alt sie war, zeigte sich, als die ersten Scherben gefunden wurden. Die ältesten entstammten der chalzolithischen Zeit, waren also über 5000 Jahre alt: Der Steinkreis war somit älter als die Pyramiden! Damals entstand die Anlage in ihrer ursprünglichen Form, bestehend aus vier Ringen, vielleicht mit einem heiligen Stein im Zentrum. Erst in der späten Bronzezeit (16. Jahrhundert v. Chr.) wurde der Steinkreis umfunktioniert, und in seinem Inneren der Steinhügel errichtet – das Grab eines Stammesfürsten, wie die Archäologen glaubten. Als sie den Hügel mit einem Ultraschallgerät nach verborgenen Kammern absuchten, orteten sie tatsächlich tief im Inneren einen Hohlraum. Nachdem Zehntausende Tonnen Steine und Felsen weggeräumt waren, um tief in das Innere des künstlichen Hügels vorzudringen, erreichten sie schließlich die vermeintliche Grabkammer. Aber als sie endlich geöffnet war, kannte ihre Enttäuschung keine Grenzen. Denn anstatt auf die reich geschmückte Leiche eines Stammesfürsten aus der Zeit Jakobs und Josephs zu stoßen, wie sie es in ihren kühnsten Träumen erhofft hatten, war die Steinkammer leer. Die Israelis waren überzeugt, daß ihnen jemand zuvorgekommen sein mußte, der das Grab schon in alter Zeit geplündert hatte, denn offenbar waren ein paar goldene Ohrringe, Steinperlen und Pfeilspitzen, alle aus der späteren Bronzezeit, übersehen worden.

»Ich glaube nicht, daß die Anlage von Riesen errichtet wurde, doch ich vermute, daß sie unsere Vorfahren so beeindruckt hat, daß sie glaubten, nur Riesen könnten sie gebaut haben«, vermutet der heutige Chef-Archäologe der Israelischen Altertümerverwaltung für die Golan-Region, Dr. Moshe Hartel. Doch wer hat den Gilgal Refaim erbaut? Tatsache ist, daß der Golan sowohl im 4. wie im 2. vorchristlichen Jahrhundert äußerst dünn besiedelt war. Keine Stadt, nicht einmal ein Dorf befand sich in der Nähe des Steinkreises. Die spärlichen Spuren, die man fand, deuten darauf hin, daß nur wenige Nomaden mit ihren Herden die Region bewohnten. War der Gilgal so etwas wie ihr Zentralheiligtum, an dem sich die Stämme einmal im Jahr trafen? Wurde hier später ein großer Stammeshäuptling bestattet? Wo aber lebten die Erbauer der Anlage? Wer hat ganze 37 000 Tonnen kalkweißer Steine aufgeschichtet? Von wem stammen die 8500 Grabhügel und Steintische (Dolmen) in seinem Umfeld? Der »Katzenhügel« ist für Israels Archäologen noch immer ein Rätsel.

1988 machten Prof. Yonathan Mizrahi vom Anthropologischen Seminar der Harvard-Universität und Prof. Anthony Aveni von der Colgate-Universität bei einer Untersuchung des Plans der Anlage eine bemerkenswerte Entdeckung. Die beiden Wissenschaftler glaubten nicht, daß der »Kreis der Riesen« rein zufällig entstanden war. Das Kreis- und Ringsystem erinnerte sie an die megalithischen Steinkreise Nordwest-Europas, und obwohl eine direkte Verbindung der Nomaden des Golan zu den Erbauern von Stonehenge und Avebury eher unwahrscheinlich war, könnte der Gilgal einen ähnlichen Zweck erfüllt haben.

Seit undenklicher Zeit erheben sich die mächtigen grauen, moosbewachsenen Steine des magischen Kreises von Stonehenge aus der Talsenke zwischen den grünen Hügeln der Ebene von Salisbury im Südwesten Englands. Sie haben schon die Römer fasziniert, deren Straßen sich hier kreuzten, bewacht von dem befestigten Lager von Sarum. Hier feierten die Druiden der Kelten ihre Rituale, hier lebte der weise Merlin, vielleicht der letzte Hüter der heiligen Steine, unweit von Camelot, der Burg König Arthurs, von der heute nur noch ein durch Erdwälle befestigter Hügel bei Cadbury zeugt. Man erzählte auch, Merlin selbst habe sie errichtet, habe ihre mächtigen Steine durch magische Kräfte aus Irland geholt, vom »Tanzplatz der Riesen«. Doch Merlin, der der Sage nach »mit den Bäumen fühlte und mit den Steinen sprach«, hat die Anlage von Stonehenge nur geerbt. Sie war schon uralt, fast so alt wie die Zeit, als der Archetyp aller Magier, der letzte Schamane, geboren wurde. Und selbst als die Kelten während der Eisenzeit die britischen Inseln eroberten, kündeten nur Sagen und Mythen von ihren längst vergessenen Erbauern. Abwechselnd wurde sie Riesen, Göttern und Zauberern zugeschrieben. Stonehenge war damals schon so berühmt und so rätselhaft, daß die Kunde von den magischen Steinen bis ins antike Griechenland vordrang.

Schon um 300 v. Chr. berichtete Hekatäus von Abdera, einer der großen Geographen des antiken Griechenlands, von einem »seltsamen Tempel in kreisrunder Form«, der »dem Sonnengott geweiht ist«. Dieser solle sich auf jener Insel befinden, die »dem Keltenland (Frankreich) gegenüberliegt, im angrenzenden Ozean, nördlich vorgelagert, nicht kleiner als Sizilien«, womit natürlich Britannien gemeint war. Alle 19 Jahre, so Hekatäus, »wenn Sonne und Mond wieder die gleiche Stellung einnehmen«, würde Apollon selbst die Insel besuchen. Ein anderer alter Grieche, der Historiker Diodor von Sizilien, ergänzte die Geschichte im 1. Jahrhundert v. Chr. Auch er schreibt über den »kreisrunden Tempel der Sonne«, der sich inmitten der »grünen Insel Hyperborea, die im Nordmeer liegt« – gemeint ist wieder Britannien – erhob. Doch er erwähnt auch Abaris, den »Hohepriester des Apollon«, einen weisen Zauberer und Vorläufer Merlins gewissermaßen, der zur Zeit des Pythagoras (6. Jahrhundert v. Chr.) lebte. Eines Tages, wie Diodor behauptet, sei der Magier »auf seinem goldenen Pfeil« nach Süditalien geflogen, um den großen Philosophen und Mathematiker persönlich zu treffen.

Heute wissen wir, daß Stonehenge tatsächlich ein »Sonnentempel« war, exakt ausgerichtet auf den Aufgang der Sonne zur Sommer-Sonnenwende vor 4000 Jahren. Genau wie beim Gilgal Refaim, so war auch in Stonehenge ein zentraler »Altarstein« von vier Ringen umgeben. Der erste bestand aus 19 »Bluestones«, die in einem Hufeisenmuster, nach Nordosten hin geöffnet, aufgestellt waren. Es folgten fünf gigantische »Trilithons« (Dreisteine), zweifellos der beeindruckendste Teil der Ablage, die ebenfalls hufeisenförmig angeordnet waren. Riesigen Steintoren gleich, bestanden sie aus bis zu acht Meter hohen und 50 Tonnen schweren, grob bearbeiteten Blöcken, von denen je zwei einen nicht minder massiven Querstein trugen. Der dritte Ring bestand aus 38 riesigen, aufrecht stehenden Monolithen, jeder etwa viereinhalb Meter hoch, die einen Reif aneinandergesetzter Steinblöcke von 29,5 Metern Durchmesser trugen.

Der Großteil der Anlage, wie wir sie heute kennen, wurde zwischen 2100 und 1550 v. Chr. errichtet. In den folgenden Jahrhunderten kam es außerdem zu diversen Korrekturen in der Anordnung der »Blausteine«.

Doch eigentlich ist Stonehenge noch viel älter. Denn gründliche Untersuchungen der heiligen Stätte durch britische Archäologen zeigten, daß das, was wir heute sehen, nur die letzte von vier Phasen in der Geschichte der Anlage ist, deren erste bereits um 3100 v. Chr., etwa zur selben Zeit wie der Gilgal Refaim, entstand. Damals, so weiß man heute, wurde ein Graben ausgehoben und ein nach Nordosten hin geöffneter Ringwall von über 100 Metern Durchmesser aufgeschichtet. Innerhalb des Walles befand sich wahrscheinlich ein erster Steinkreis, von dem noch heute 56 Vertiefungen zeugen, die nach ihrem Entdecker im 17. Jahrhundert, John Aubrey, als »Aubrey-Löcher« bezeichnet werden. Es ist sehr gut möglich, daß hier ursprünglich die »Blausteine« standen, die später in den inneren Kreis verlagert wurden. Sollten sie tatsächlich Teil der ältesten Anlage gewesen sein, so ist ihre Präsenz an dieser Stelle um so erstaunlicher. Denn wie man heute weiß, stammen die »Bluestones« aus einem Steinbruch im Prescelly-Gebirge im Südwesten von Wales und mußten von dort aus zu Lande und zu Wasser über 400 Kilometer transportiert worden sein. – Eine unglaubliche Leistung für die angeblichen Steinzeitmenschen, die Stonehenge vor über 5000 Jahren planten. Schon in der ersten Phase war die Anlage nach Nordosten hin ausgerichtet, gab eine Öffnung des Ringwalls die Sicht frei auf einen weiteren, leicht erhöht plazierten Stein, den sogenannten »Fersenstein«, der fortan eine Schlüsselposition in der Anlage von Stonehenge einnahm, bald ergänzt durch zwei kleinere Stelen-Hügel im Nordwesten und Südosten.

Die Bedeutung des Fersensteines wird jedem klar, der an einem 21. Juni, nach der kürzesten Nacht des Jahres, im Zentrum des Steinkreises steht: Sobald der Morgen dämmert, sieht er die Sonne langsam und noch immer ziemlich exakt über dem Monolithen aufgehen. Hekatäus und Diodor, die griechischen Schriftsteller, hatten recht: Stonehenge war tatsächlich ein riesiger Sonnentempel.

Nach jahrelangen Vermessungen war dem britischen Astronomen Sir Norman Lockyer als erstem bewußt geworden, daß Stonehenge und eine ganze Reihe anderer britischer Steinkreise prähistorische Kalender waren, die den Lauf der Sonne und den Zeitpunkt der Sonnenwende anzeigten. Doch so einleuchtend die Lockyersche Erklärung auch ist und sein Modell auch auf Stonehenge zutrifft, es waren alle anderen Markierungen übersehen worden, die nicht im Zusammenhang mit Zeitpunkten der Sonnenwende standen. Erst 1963 dachten Wissenschaftler daran, auch diese Punkte zu klären. Den Anfang machte der Amateurastronom Cecil A. Newham in seinem Buch *The Enigma of Stonehenge* mit der Theorie, daß es sich bei Stonehenge gleichermaßen um ein Mondobservatorium gehandelt haben müsse. Zuerst reagierte die Fachwelt auf Newhams Theorie mit süffisantem Lächeln, anschließend mit äußerster Arroganz, um schließlich zugeben zu müssen, daß eigentlich schon etwas für die Theorie sprach. Denn schließlich bildeten die beiden »Stelenhügel« im Nord-Nordwesten und Süd-Südosten mit ihren Gegenpolen in den Aubrey-Löchern tatsächlich ein Rechteck, mit dessen Hilfe sich die vier Positionen des »Mondstillstandes« während des genau 18,61 Jahre andauernden Mondzyklus bestimmen lassen. Aber gerade dieser Umstand war für Archäologen und Astronomen nicht glaubhaft. Denn Mondbeobachtungen sind wesentlich komplizierter als die Festlegung eines Fixpunktes im Sonnenjahr. Die Bewegungen des Mondes um die Erde und gleichzeitig um die Sonne wiederholen sich nicht alljährlich. Vielmehr umkreist der Erdtrabant den blauen Planeten mit einer leichten Neigung zur Umlaufbahn der Erde um ihr Muttergestirn. Daß dieser Zyklus in der klassischen Antike bekannt war, zeigt schon die Feststellung des Hekatäus, daß alle 19 Jahre »Sonne und Mond wieder die gleiche Stellung einnehmen«. Dieses Ereignis, so der Grieche, wurde in Stonehenge als »Rückkehr des Sonnengottes« gefeiert. Doch sollten Hekatäus und Newham recht behalten, dann waren die komplizierten Gesetze der Ekliptik schon den Steinzeitmenschen bekannt, die vor über 5000 Jahren den ersten Zirkel von Stonehenge errichteten.

Im selben Jahr, in dem in England Newhams gewagte Theorie für einen regelrechten Aufruhr in der Fachwelt sorgte, ging ein Amerikaner noch viel weiter. Stonehenge, so behauptete Gerald Hawkins, war ein gewaltiger neolithischer Astronomie-Computer. Unter normalen Umständen hätte man Hawkins für einen Spinner, einen Ketzer oder einen Scharlatan gehalten und seine Behauptung zu den Akten gelegt, ohne je eine Zeile seiner Werke gelesen zu haben. Doch so einfach konnte der Mann nicht ignoriert werden, denn er war nicht irgendwer. Gerald Hawkins war Professor für Astronomie an der renommierten Universität von Boston. Er hatte die Berechnungen, die seiner Theorie zugrunde liegen, mit Hilfe des IBM-Computers der Harvard-Universität und des Smithsonian-Instituts ausgeführt und seine Ergebnisse in der renommierten Zeitschrift *Nature* veröffentlicht. Als zwei Jahre später, 1965, sein Buch *Stonehenge Decoded* erschien, löste es trotzdem in der Fachwelt einen Tumult aus.

Mit Hilfe der 56 Aubrey-Löcher – beziehungsweise der dort einmal aufgestellten Blausteine –, so Prof. Hawkins, ließen sich nicht nur die jeweiligen Positionen der Sonne, des Mondes und des Sterns Sirius, sondern auch Sonnen- und Mondfinsternisse errechnen. Newham, so Hawkins, hatte recht. Die beiden Stelenhügel und ihre Gegenpole, mit denen sie ein Rechteck bildeten, waren tatsächlich in der Lage, die Hauptpunkte der Mondstillstände anzuzeigen. An zwischen ihnen gezogenen Diagonalen ließen sich zudem

die Nebenpunkte der Mondstillstände, nämlich Mond-
auf- und -untergänge, ablesen. Zusammen mit vier
weiteren, die Sonnenbewegung anzeigenden Punkten
war damit tatsächlich der gesamte Sonne/Mond-Zy-
klus von 18,61, bald auf 19 aufgerundet, erfaßt. Die
auch schon von Hekatäus erwähnte 19 ist tatsächlich
integraler Bestandteil der Anlage und kommt in der
Anordnung der »Blausteine« auch zum Ausdruck: im
innersten Kreis sind es 19, und 38 = 2 × 19 im dritten
Ring. Nach Hawkins dienten die 56 Aubrey-Löcher der
Korrektur dieser Annäherung, durch die eine Anglei-
chung stattfand, insofern, als drei Markierungssteine
gleichzeitig innerhalb dieses Kreises versetzt wurden,
denn $18 \, ^2/_3 \times 3 = 56$. Mit dieser Präzision ließen sich sogar Sonnen- und Mondfinsternisse voraussagen, stellt
Hawkins fest, und dies könnte vielleicht sogar der
Hauptzweck der Anlage gewesen sein. Denn bis ins
Mittelalter galten Sonnenfinsternisse als Schreckens-
botschaften. Erst in unserer Zeit trat eine Wendung
ein, seitdem werden sie als »SOFI« – Spektakel ge-
winnbringend vermarktet.

In den folgenden Jahren wurde die Hawkinsche Entdeckung heftig diskutiert. Der in England als »Institu-
tion« geltende Astronom und Mathematiker Sir Fred
Hoyle überprüfte die von Hawkins errechneten Daten
und bestätigte ihre Richtigkeit. Trotzdem war er nicht
gewillt, sich mit der daraus ergebenden Schlußfolge-
rung abzufinden. Für Hoyle war es einfach ausgeschlossen, daß im zeitlich jüngsten Britannien, als die
Anlage von Stonehenge geplant wurde, die Dauer des
Sonnenjahres, der Umlauf des Mondes und der Zyklus
von 18,61 Jahre bekannt gewesen war. Dafür konnte es
nur eine Erklärung geben: Entweder handelte es sich
um einen unglaublichen Zufall, oder die Baumeister
des »steinernen Computers« hatten Lehrmeister.

Der Schlüssel zum Geheimnis von Stonehenge könnte ein noch älterer Steinkreis sein – das nördlich der Ebene von Salisbury in den »Malborough Downs« gelegene Avebury. Irgendwann im 4. Jahrtausend v. Chr., also etwa gleichzeitig mit der Erbauung des Gilgal Refaim, begannen Steinzeitmenschen auf dem nahegelegenen »Windmill Hill« mit dem Bau der monumentalen Anlage. Sie hoben einen 350 Meter breiten Ringgraben aus, schütteten einen fünf Meter hohen Wall auf, den sie mit 98 mächtigen Steinen bedeckten. Innerhalb dieses Ringwalls waren zwei weitere Steinkreise von jeweils etwa 50 Metern Durchmesser, immer noch beinah doppelt so groß wie Stonehenge, dessen Durchmesser 29,5 Meter beträgt. Die dazu benutzten je 29 beziehungsweise 27 Steine waren jeweils bis zu 6,4 Meter hoch und wogen bis zu 60 Tonnen. Obwohl Avebury auf dem ersten Blick die Harmonie und Präzision von Stonehenge fehlt, beeindruckt hier das Format. Von seinem Zentralkreis gingen zwei jeweils zwei Kilometer lange Steinalleen aus, die von je rund hundert paarweise aufgestellten Monolithen gesäumt wurden. Jeder dieser prähistorischen »Prozessionswege« endete bzw. führte zu einem kreisrunden Heiligtum aus Holz, dem »Sanctuary«. Bereits im 18. Jahrhundert stellte William Stukeley, einer der ersten Erforscher Aveburys, fest, daß die Anlage dereinst einer riesigen Schlange glich, die einen Kreis durchquerte. Im alten Ägypten war die die Sonne kreuzende Schlange ein heiliges Symbol. Bestand hier vielleicht eine Verbindung zum Nahen Osten?

Gegen 2600 v. Chr., etwa zur selben Zeit, in der in Ägypten die erste Pyramide entstand, wurden die Menschen von Avebury aktiv. Zu Hunderten kamen sie zusammen, unterstützt von Tausenden, die aus allen Teilen des Landes herbeigeströmt waren, herbeigerufen von Boten und Priestern, um das heilige Werk zu vollenden. Sie schliefen in Hütten aus Stroh, in Zelten aus Tierhäuten oder auf der Erde, in Felle gehüllt, unter dem Sternenhimmel. Sie lebten von den Früchten der Felder rund um Avebury, der Milch und dem Fleisch ihrer mitgebrachten Herden. Sie trugen grob gewebte Hosen und Röcke, weite Hemden und Schuhe aus Wildleder, waren mit Pfeil und Bogen und Steinmessern bewaffnet. Als der Boden ausgehoben war und als das Horn des Priesters erscholl, griffen sie nach Hunderten von Körben aus geflochtenem Stroh, die von ihren Frauen in tagelanger Arbeit angefertigt worden waren, und sammelten Brocken aus Kreidekalk: Tausende, Hunderttausende, Millionen. Mit Kalk, Schlamm und Ton beschichtet, stellten sie daraus eine erste, kreisrunde Plattform her, darüber eine zweite, eine dritte, bis sich schließlich die sechsstöckige, kreisrunde Stufenpyramide über 40 Meter hoch über die grüne Landschaft erhob. Sie konnte es in jeder Hinsicht mit ihrem ägyptischen Ebenbild, der ebenfalls sechsstufigen Pyramide des Djoser, die etwa zeitgleich entstand, aufnehmen. Der Architekt, von dem sie erbaut wurde, war Imhotep, Schüler des Gottes Thot, der uns auch als Hermes Trismegistos oder Henoch bekannt ist, der Verwalter der göttlichen MEs. Der ägyptischen Legende nach wanderte er eines Tages nach Norden aus. Vielleicht ist er identisch mit Teuth, dem Vereiniger der Stämme in der germanischen Tradition oder Teutates, dem göttlichen Lehrer der Kelten. War er etwa auch der geistige Vater der Anlage von Avebury?

Silbury Hill, wie die englische Stufenpyramide heute heißt, ist das höchste prähistorische Bauwerk Europas. Sein Name geht auf »die Strahlenden« zurück, die der Sage nach unter dem Hügel begraben liegen. Glauben wir dem britischen Forscher Terence Meaden, so war er Symbol für den Nabel der Welt, den Urberg, der zu Anbeginn der Schöpfung aus dem Urmeer ragte, als die Götter niederstiegen: »Er könnte sein geistiges Gegenstück in den Zikkuraten der Sumerer des 4. Jahrtausends v. Chr. haben, vierseitigen Bergen aus Lehmziegeln und einem Heiligtum auf ihrer Spitze, wo himmlische und irdische Kräfte zusammenkamen.« Wie der britische Archäologe Michael Dames in seinem bemerkenswerten Buch *The Silbury Treasure* feststellt, war Silbury Hill einst von einem künstlichen See umgeben, der, aus der Luft betrachtet, die Form einer bald gebärenden Frau, der Erd-Mutter, hatte. Wie gesagt, liegt er im Zentrum einer Anlage, die einer riesigen Schlange oder einem erschlagenen Drachen gleicht, mit einem Kreis in der Mitte. Die Vorstellung, die dieser steinzeitlichen Landschaftsgestaltung zugrunde liegt, könnte durchaus ihre Wurzeln in Sumer gehabt haben. Nach dem babylonischen *Epos der Schöpfung*, das, wie die gesamte babylonische Mythologie, sumerischen Ursprungs ist, tötete der Gott Marduk einst den Ur-Drachen Tiamat, um aus seinen Überresten die Erde zu formen. Sie bestand zunächst einmal aus den Ur-Fluten, bevor die Götter dort den ersten Berg setzten, auf den sie schließlich herabstiegen. Auf ihm gebar die Göttin Ninharsag alles Leben. Der Götterberg wurde zum Ur-Modell der Zikkurat. Läßt sich diese sumerische Genesis besser illustrieren als durch den Kreis, die Erde, die aus dem erschlagenen Drachen, der Schlange, entsteht, mit dem Götterberg, der sich aus den Fluten erhebt, und der gebärenden Göttin im Zentrum? War die Anlage von Avebury die Stein und Landschaft gewordene Illustration eines sumerischen Mythos, der Silbury Hill gar eine britische Zikkurat?

Vielleicht läßt sich die regionale Überlieferung vom »Strahlenden«, das in ihm vergraben wurde, vom verlorenen Schatz aus längst vergessener Zeit, auch als eine Referenz an die MEs deuten. Auf einen realen Schatz oder gar auf einen prähistorischen Herrscher kann sie sich jedenfalls nicht bezogen haben. Gleich dreimal, 1776, 1849 und 1968 haben britische Expeditionen tiefe Tunnel in den Hügel gegraben, zuerst vertikal, dann horizontal, in der Hoffnung, vielleicht auf das Grab eines prähistorischen Priesterkönigs zu stoßen.

Alle Expeditionen verliefen erfolglos: Es gab keine verborgene Kammer unter dem Silbury Hill, er diente ganz offensichtlich nie als Fürstengrab. Und trotzdem könnte er einen Schatz beherbergt haben, – vorausgesetzt, daß dieser, wie bei einer Zikkurat, in einem »Tempel« auf der Hügelkuppe verwahrt wurde, und nicht in seinem Inneren. Vielleicht bezieht sich darauf die britische Sage von dem Drachen – eben der Anlage von Avebury, die das Ur-Monster Tiamat symbolisiert –, der sich stets um einen Schatz, meist um einen magischen Stein, windet.

Es ist nicht bekannt, wer Stonehenge oder den Steinkreis von Avebury erbaute, und da keine schriftlichen Zeugnisse der Menschen vorliegen, die diese großartigen kulturellen Leistungen vollbracht haben, sind wir über ihre letztendlichen Motive auf Spekulationen angewiesen. Jedoch vom Erbauer eines anderen Steinkreises sind umfangreiche Inschriften erhalten, glücklicherweise so detailliert, daß die Parallelen zu Stonehenge und Avebury nur zu augenfällig sind. Dieser Meister-Architekt war zudem Priesterkönig einer uralten Stadt. Er stammte aus Sumer, dem Land, in dem alles begann …

Gudea von Lagasch lebte irgendwann zwischen 2200 und 2100 v. Chr., zu jener Zeit also, als auch Stonehenge in seiner heutigen Form entstand. Er gilt als der große Reformer der sumerischen Religiosität nach den Eskapaden Naram-Sins und der darauffolgenden Herrschaft der Gutäer. Seine eigene Stadt, Lagasch, war Ninurta geweiht, dem Sohn Enlils, der einst im mutigen Kampf gegen Zu die MEs zurückgewann, ihren Dieb aber, Luzifer gleich, in die Tiefe hinabstieß. Er mag dem biblischen Erzengel Michael als Vorbild gedient haben, der, wie er, den Widersacher Gottes stürzte. Wie es in den Inschriften Gudeas heißt, erhielt Ninurta von seinem Vater Enlil selbst die Erlaubnis, sich in Lagasch einen eigenen Tempel bauen zu lassen, der, vielleicht nach der Anzahl der MEs, die er dort aufbewahrte, Eninnu, »Haus der Fünfzig«, heißen sollte:

> »An dem Tag, wenn das Schicksal von Himmel
> und Erde verfügt wird,
> als Lagasch seinen Kopf zum Himmel erhob
> im Einklang mit den großen MEs
> blickte Enlil wohlwollend auf den Herrn
> Ninurta.«

Und so erschien Ninurta seinem obersten Priester Gudea, der sich als »Hirt, erwählt zum König« bezeichnete, und wies ihn an, einen Tempel zu bauen:

> »Im Traum [sah ich]
> einen Mann, der hell war, strahlend wie der
> Himmel,
> groß im Himmel, groß auf Erden,
> der seinem Kopfschmuck nach ein Gott war.
> Neben ihm stand der göttliche Sturmvogel,
> sein Gefährt,

gleich einem verheerenden Sturm unter seinen
Füßen
kauerten zwei Löwen zur Rechten und zur
Linken.
Er befahl mir die Erbauung seines Tempels.«

Gleich darauf erschien eine Göttin, »das Abbild eines Tempelbaus, einer Zikkurat« als Kopfschmuck tragend, in der Hand »einen heiligen Griffel [und] die Tafel des günstigen Himmelsgestirns«. Obwohl ihr Name nicht genannt wird, muß es sich um Nisaba, die »Herrin des göttlichen Wortes« gehandelt haben, die Isis der Sumerer. Sie war nicht nur im Besitz des »Griffels der sieben Zahlen« und als Göttin der Mathematik, Architektur und Astronomie bekannt, sondern soll auch »fünfzig große MEs« erworben haben. Zu ihr gesellte sich bald ein »Held«, eine Tafel aus Lapislazuli in der Hand. Auf diese zeichnete er den Plan eines Tempels. Nach einer gründlichen Einweisung in die Details des Plans verschwand die Erscheinung, und Gudea wachte auf. Sofort ging er in den alten Tempel, um darüber nachzusinnen, was das alles zu bedeuten hatte. Insbesondere verstand er nicht, was das »Schugalam« sein sollte, dieser »Ort der Öffnung, Ort der Bestimmung, von dem Ninurta die Wiederholung über seinen Ländern sehen kann«, das er zu errichten hatte. Als er sich schließlich wieder schlafen legte, erschien ihm der Gott noch einmal, um zu bekräftigen:

»Meine Befehle werden dich die Zeichen
durch den göttlichen Himmelsplaneten lehren.
In Übereinstimmung mit den heiligen Riten
soll mein Haus, der Eninnu,
die Erde mit dem Himmel verbinden.«

Und er versprach: Wenn der Tempel steht, werde er dort die heiligen MEs deponieren, würde das Land im Überfluß erblühen, der Regen rechtzeitig kommen, die Kanäle sich füllen, ja selbst die Wüste erblühen.

Jetzt verstand Gudea den Plan. Er verpflichtete sein Volk dazu, sich an der heiligen Aufgabe zu beteiligen und alle Zwietracht ruhen zu lassen; und damit das Projekt auch finanzierbar war, erhöhte er kurzerhand die Steuern. Obgleich sicher aus den Schanklokalen Lagaschs ein leises Murren zu vernehmen war – glauben wir der Inschrift –, protestierte jedoch niemand, denn jeder erkannte, daß der Tempel dem Gemeinwohl diente. Bald konnten die Grundsteine gelegt werden, je ein beschrifteter Ziegel an jeder Ecke der nach den Himmelsrichtungen ausgerichteten Zikkurat.

Nach jahrelanger Arbeit war das Werk schließlich vollbracht. »Der Traum ist wahr geworden«, schrieb Gudea, »der Eninnu wurde fertiggestellt ... wie ein Berg, der leuchtet, ragt er freudig auf.« Jetzt galt es, sich der Ausschmückung der Tempelräume und schließlich dem mysteriösen Schugalam zu widmen. Als alles fertiggestellt war, zog Ninurta am Ende einer dreitägigen Zeremonie in sein Haus ein. Gudea sorgte dafür, daß es dem göttlichen Besuch an nichts mangelte. Honig, Wein, Milch, Getreide, Oliven, Datteln und Trauben wurden herbeigeholt, ein Ochse und ein Schaf geschlachtet, dazu Weißbrot und Milch und natürlich jede Menge Bier serviert. Der »heilige Krieger Gottes« aß und trank, bis er gesättigt war, während die ganze Stadt auf Knien lag und ihm huldigte:

»*Tagsüber gab es Bitten, nachts Gebete.*
Im Morgengrauen betrat Ninurta, der Krieger,
den Tempel,
in seinen Tempel kam der Herr.

Einen Schrei wie einen Schlachtruf stieß
Ninurta aus
und schritt in seinen Tempel.
Und das Land Lagasch freute sich.«

Es war der Tag, an dem die Ernte begann.

Was aber war das geheimnisvolle Schugalam, das Gudea so sorgfältig anlegen ließ und das der Gott nun offenbar wohlwollend zur Kenntnis nahm? Auch hier lassen uns die Inschriften des Königs alle Einzelheiten wissen. Danach war es eine Anlage von sieben Stelen, sechs davon in einem Kreis an einem sorgfältig ausgesuchten Platz »auf einem Fundament, auf Sockeln« errichtet. Eine siebte Stele stand ein wenig abseits:

»Am strahlenden Eingang des Schugalam
stellte Gudea ein günstiges Abbild auf;
zur aufgehenden Sonne hin postierte er am
vorgesehenen Ort
das Symbol der Sonne.«

Es war also ein Steinkreis mit einem vorgelagerten »Fersenstein«, »zur aufgehenden Sonne« hin ausgerichtet; kurzum ein »Stonehenge am Euphrat«, wie der Orientalist Zecharia Sitchin treffend in seinem Buch *Das erste Zeitalter* feststellt. Doch es blieb nicht bei den 6 + 1 Stelen, die Parallelen reichen weiter. Denn diese Anordnung, den eigentlichen Schugalam, ließ Gudea von einem »kronenartigen Kreis für den Neumond« umgeben. Dieser bestand aus dreizehn Steinen, die »wie Helden in einem Maschenwerk« miteinander verbunden waren: ganz wie der äußere Ring von Stonehenge. Der Hinweis auf den Neumond deutet darauf hin, daß der Schugalam ganz wie sein britischer »Zwilling« der Sonnen- und Mondbeobachtung diente. Wahrscheinlich kennzeichneten vier der sechs Steine des inneren Kreises, ganz wie das »Rechteck der Stationssteine« von Stonehenge, die vier Hauptpunkte der Mondstillstände, der äußere Ring diente der Festsetzung von Positionen. Zudem kommen wir, wenn wir die Zahl Sechs der Stelen des inneren Kreises mit der Dreizehn des »kronenartigen« Ringes addieren, wieder auf die Neunzehn, die Zahl des Mondzyklus.

Doch wie aus Gudeas so aufschlußreichen Inschriften hervorgeht, diente die gesamte Anlage nicht ausschließlich astronomischen Zwecken. Vielmehr brauchte man einen Zeitmesser, um berechnen zu können, wann der Gott Ninurta zu Besuch kam. Schließlich breitete sich die Kraft der MEs, der flüsternden Steine, durch die Tempelanlage im ganzen Land aus, und kreierte jene Harmonie mit der Schöpfung, die eine reiche Ernte garantierte.

Die Menschen hatten etwas von den Göttern gelernt. Es reichte nicht, die MEs zu besitzen: Ihre Kraft mußte über das Land verteilt werden, eingefangen von Steinkreisen und ausgebreitet durch Steinalleen, die vielleicht als »Akupunkturpunkte« für die Energieströme des Planeten dienten. Ihr Geheimnis war der Rhythmus der Schöpfung, der Plan allen Seins. Und schließlich war jeder Stein, zumindest jeder Quarz, ein ME, er konnte die Blaupause der Schöpfung und die Energie des Universums speichern und jenen, die ihm zu lauschen verstanden, seine Geheimnisse zuflüstern.

Die Kunst, Steinkreise und Stelen aufzustellen, breitete sich von Sumer im gesamten Vorderen Orient aus! So untersuchten Wissenschaftler kürzlich die gewaltigen Steinpfeiler von Nabta in Südägypten, die aus einem Steinkreis und fünf Reihen aufrecht stehender

Megalithen bestehen. Eine dieser Reihen ist genau ost-westlich ausgerichtet, zwei andere nord-südlich. Zwei weitere weisen auf den Punkt der Sommersonnen-wende am Horizont hin. Das Alter der Nabta-Stein-kreisanlage wird auf 6500 Jahre datiert.

Die Bibel beschreibt, wie die Israeliten von Joshua in das Gelobte Land geführt wurden. Als sie, mit Hil-fe der Bundeslade, trockenen Fußes den Jordan durch-quert hatten, wählte ihr Anführer zwölf Männer aus, von jedem Stamm einen, die »als ewige Erkennungs-zeichen« einen Kreis aus Steinen errichten sollten. Der Ort, an dem das Monument entstand, hieß fortan »Gilgal«, was soviel wie »Ort des Kreises« heißt.

Wir wissen nicht, ob dieser Steinkreis astronomisch ausgerichtet war, obwohl der Tag, an dem er errichtet wurde, sehr wohl darauf hindeutet. Denn im 4. Kapi-tel des Buches Joshua, das von der Errichtung des Gil-gals berichtet, heißt es, daß die Durchquerung des Jor-dans »am zehnten Tag des ersten Monats« stattfand. In eben jenem »ersten Monat«, nach dem sumerischen Kalender dem »Monat des Tempels«, weihte auch Gu-dea von Lagasch seinen Tempelbau mit dem Schuga-lam ein.

Daß der Gilgal Refaim auch eine riesige astronomi-sche Uhr gewesen sein muß, stellten Prof. Mizrahi und Prof. Aveni in ihrer Studie über das »israelische Stone-henge« fest. Sie fanden heraus, daß um 3000 v. Chr. vom Zentrum der Anlage aus betrachtet die ersten Strahlen der Sonne am Tag der Sommer-Sonnenwen-de, dem 21. Juni, durch das nordöstliche »Tor« einfie-len, während zur selben Zeit das Südost-Tor den Blick auf den Stern Sirius freigab. Geht seine Erbauung tatsächlich auf die Refaim der Bibel zurück?

Die Refaim sind uns bereits aus der Geschichte von Baal, dem Erbauer Baalbeks, bekannt. Als der Gott bei seinem Versuch, seinen Rivalen Mot zu töten, selbst ums Leben kam, war es die weise Heilerin Schepesch, die »Herrin der Refaim«, die ihn ins Leben zurückholte. Im Kapitel 14 des Buches Genesis heißt es, daß die Refaim eine Stadt namens Ashtherot-Karnium bewohnten. Nur 16 Kilometer vom »Katzenhügel« entfernt befinden sich die Ruinen einer alten kanaanitischen Stadt namens Ashtherot, benannt nach Astarte, der Göttin des Krieges und – welch Paradox – der Liebe. Diese Astarte war identisch mit der Ishtar der Babylonier, der Inanna aus der sumerischen Mythologie, jener Göttin also, der Enki nach jener verhängnisvollen Liebesnacht noch im Rausch der Sinne und des Alkohols die MEs ausgehändigt hatte. Zudem war Ashtherot der kanaanitische Name für den Stern Sirius, nach dem das Südosttor des Gilgal ausgerichtet war. Im 5. Buch Moses heißt es, daß »die Sidonier den Berg Hermon ›Sirion‹ nennen«. Dem Buche Joshua zufolge lebte auch »König Og von Bashan, der letzte der Refaim, in Ashtherot«. Er beherrschte ein Gebiet, »das sich bis zum Berge Hermon im Norden erstreckt«, also den Golan. Im Buch der Chroniken (1. Chr., 6,7) wird Bashan mit dem Golan gleichgesetzt. Dem 5. Buch Moses zufolge waren die Refaim »ein großer und mächtiger Stamm, so hochgewachsen wie die Anakim«, die riesenhaften Söhne der Nefilim aus der Zeit vor der Flut. Der jüdischen Tradition zufolge war König Og der einzige Anakim, der, in Noahs Arche versteckt, die Sintflut überlebte. Gemeinsam mit einer der Töchter Noahs soll er die Refaim gezeugt haben, einen Stamm hochgewachsener, heldenhafter Männer und Frauen. Haben sie den Gilgal errichtet? Wir werden es wohl nie wissen.

Überliefert ist dagegen, wer den Hügel in das Zentrum der Ringanlage setzen ließ. Das 31. Kapitel des

Buches Genesis schildert, wie Jakob dem Frondienst für seinen Onkel Laban in Harran mitsamt seiner Frau Rachel und seinen Herden entfloh. Er »überschritt den Euphrat und wandte sich in die Richtung nach dem Gebirge Gilead«, wo er sein Lager aufschlug. Das Buch Joshua (17, 1) nennt »Gilead und Bashan« in einem Atemzug, so, als wäre es identisch oder zumindest benachbart. Das apokryphe *Buch der Jubeljahre*, dem so viele geheime Informationen über Henoch und Abraham zu verdanken sind, läßt keinen Zweifel an der Richtigkeit dieser Gleichsetzung, denn es heißt dort: »Vorher hieß das Land Gilead auch ›das Land der Refaim‹, denn es war das Land der Refaim. Und die Refaim waren als Riesen geboren ... und ihr Land erstreckte sich vom Land der Ammoniter bis zum Berg Hermon, und ihre Königspaläste standen in Qarnaim und Ashteroth und Edrei und Misur und Beon.«

Jakob schlug sein Lager also auf den Golan-Höhen auf, und wir haben guten Grund anzunehmen, daß er das alte Heiligtum der Sterne, den Steinkreis der Riesen, als seinen Standort wählte. Der Name Gilead bedeutet, wörtlich aus dem Hebräischen übersetzt, »der ewige Steinhaufen«! Es muß eine bekannte Stätte gewesen sein, das einzige Monument in einem sonst nur dünnbesiedelten, kargen Bergland, ein Zeuge längst vergangener Zeiten, von Riesen errichtet in den Jahren nach der großen Flut. Wer ihn suchte, konnte ihn hier finden, hier war er auch zu Verhandlungen mit Laban bereit.

Und Laban kam. Er hatte den flüchtigen Neffen verfolgt, war hier auf sein Lager gestoßen. Er sollte ihn finden, denn Jakob wollte Klarheit, bevor er weiterziehen konnte, zurück in das Gelobte Land, das seinem Großvater Abraham zur Heimat geworden war. Und wie es im Orient so üblich ist, wurde zuerst heftig gestritten, um dann zu verhandeln und sich schließlich doch noch einig zu werden.

»Dann nahm Jakob einen Steinblock, richtete ihn als Denkstein auf und sprach zu seinen Sippengenossen: ›Sammelt Feldsteine.‹ Sie taten es, errichteten einen Steinhügel und hielten auf ihm ein Mahl. Laban nannte ihn »Jegar sahduta« und Jakob nannte ihn »Gal'ed«. Jetzt sprach Laban: ›Dieser Hügel soll Zeuge sein zwischen mir und dir am heutigen Tag.‹«

Aus dem Gilad (»ewiger Steinhaufen«) wurde durch die Errichtung eines »Steinhügels« der Gal'ed (»Zeugenhügel«). Er markierte fortan die Grenze zwischen dem Territorium Labans und Jakobs. Doch welche noch nicht völlig vergessene Funktion der »Steinhaufen« einst erfüllt hatte, geht aus einem dritten Namen hervor, den Laban für ihn benutzte, nämlich »Mizpa«, wörtlich: »Observatorium«. Und eben damit schließt sich der Kreis …

Das Kristallwissen von Atlantis

Gerüchte von einer unerforschten Ruinenstadt und ihren verborgenen Schätzen im undurchdringlichen Dschungel der Kronkolonie British Honduras (dem heutigen Belize) waren seit 1903 im Umlauf. Damals beauftragte der Gouverneur den Amateurarchäologen Thomas Gann, den Berichten nachzugehen. Tatsächlich fand Gann im fraglichen Gebiet, nahe des Rio Colombia, eine Felsinschrift der Maya: ein Beweis, daß sich in der Nähe eine Stadt befunden haben mußte. Auf ähnliche Spuren stieß 1915 R.E. Merwin vom Peabody-Museum der Harvard-Universität, der Karten der Region anfertigte. Doch für eine großangelegte Suche nach der geheimnisvollen Stadt in der grünen Hölle von Honduras fehlte den Forschern das Geld.

Als der britische Abenteurer und Altertumsforscher F.A. Mitchell-Hedges von der noch unentdeckten Stadt erfuhr, war er sofort Feuer und Flamme. Schon als Kind hatte er immer davon geträumt, eine verlorene Stadt zu finden, auf Spuren einer längst vergessenen Zivilisation zu stoßen. Bald hatte Mitchell-Hedges eine Expedition auf die Beine gestellt, die von der ebenso exzentrischen wie abenteuerlustigen Lady Richmond-Brown finanziert wurde, einer schwerreichen Adligen, die es sich nicht nehmen ließ, persönlich an der Expedition teilzunehmen. Ebenfalls mit von der Partie waren Thomas Gann, Capt. Joyce vom Britischen Museum, Mitchell-Hedges Sekretärin Jane Houlson sowie seine Adoptivtochter Anna Le Guillon Mitchell-Hedges, die ihren Vater auf allen Reisen begleitete. Nachdem zwei Dutzend indianische Träger angeheuert waren, brach die Expedition im Herbst 1924 endlich auf. Als Gann nach zweiwöchiger Suche sein in einen Felsen geschlagenes Maya-Symbol wiederentdeckt hatte, war Mitchell-Hedges sicher, auf dem richtigen Weg zu sein. Nichts hielt ihn davon ab, die Suche fortzusetzen, weder blutegelverseuchte Sümpfe noch Giftschlangen, die sich häufig von den Ästen der mächtigen Laubbäume auf die Teilnehmer der Expedition herabfallen ließen, und nicht einmal die unzähligen blutsaugenden Insekten, die sich jeden Abend in der Dämmerung über sie hermachten. Obwohl die Regenzeit längst vorüber war, prasselten immer wieder Schauer hernieder und ließen sie fast im Schlamm versinken, während die ohnehin schwülheiße Luft noch feuchter wurde und den Regenwald in eine dampfende Sauna verwandelte.

Nach einem scheinbar endlosen Kampf durch die grüne Hölle, erschwert durch schlechtes Essen, verdorbenes Wasser und deren unausweichliche Folgen, waren sie endlich am Ziel. Zuerst passierten sie eine Maya-Stele mit geheimnisvollen Hieroglyphen, dann lag eine unnatürliche Erhöhung vor ihnen, die Mitchell-Hedges sofort als Plattform einer Maya-Pyramide erkannte. Sie war von roter Erde bedeckt, auf der Moos, Büsche und Bäume so dicht wucherten, daß es Monate dauern würde, sie freizulegen. Doch das war der Mühe wert. Der Brite hatte eine vergessene Stadt aus grauer Vorzeit entdeckt, die er Lubaantun, »Ort der geschützten Steine«, nannte. Jetzt galt es, ihre Geheimnisse zu lüften.

Aber bis dahin hieß es, von der Regenzeit unterbrochene Monate mühsamer Arbeit im dampfenden Dschungel zu überstehen. Resigniert ging es im Sommer 1925 in die Hauptstadt zurück. Auf Mitchell-Hedges warteten wichtige gesellschaftliche Verpflichtungen in England und schließlich dauerte es ein ganzes Jahr, bevor er wieder nach Honduras zurückkehren konnte. Erst im Herbst 1926 brach die Expedition erneut auf, um ihre Ausgrabung fortzusetzen.

Schon bald waren ansatzweise die Grundrisse von Tempeln und rituellen Ballspielplätzen erkennbar, waren Gräber mit reich bemalter Keramik gefunden worden, als Mitchell-Hedges beschloß, die steinverkleidete Tempelplattform in Angriff zu nehmen. Hier stand einst eine Pyramide, die in Urzeiten bei einem Erdbeben eingestürzt war. Und da er hoffte, daß sich darunter das Grab eines Stammeshäuptlings befinden könnte, ließ er die Trümmer Stein für Stein abtragen. Es war für die Gruppe und ihre indianischen Arbeiter eine schwere, zeitraubende Aufgabe. Die Quader waren so groß, daß sie nur sechs am Tag wegräumen konnten, bevor die Männer erschöpft und naßgeschwitzt zusammenbrachen. Doch endlich, als auch das geschafft war, machte Anna ihre aufsehenerregende Entdeckung:

Die Götter der Maya hatten sich zu Annas siebzehntem Geburtstag ein ganz besonderes Geschenk ausgedacht. Es kam erst zum Vorschein, als die letzten Trümmer aus den Ruinen des uralten Tempels von Lubaantun herausgeräumt worden waren. Fasziniert hatte das Mädchen noch beobachtet, wie die indianischen Arbeiter unter Anleitung ihres Vaters mit der Kraft von zehn Mann und mit zu Hebeln umfunktionierten Ästen den mächtigen Altarstein freilegten. Dann wollte sie eigentlich zurück zum Lager laufen, um sich etwas zu trinken zu holen. Doch in eben diesem Augenblick glitzerte es direkt vor dem Altar so verlockend in der Mittagssonne, daß Anna, wie immer neugierig, es einfach sehen mußte. Sie wäre am liebsten aufgesprungen, hätte selber mit den Händen den geheimnisvollen Schatz ausgebuddelt, doch das durfte sie nicht. Also rief sie ihren Vater, um ihm stolz zu zeigen, was sie gerade entdeckt hatte.

Ihr Vater griff nach einer kleinen Schaufel, mit der er vorsichtig in der Erde herumstocherte, bevor er langsam, eher zögerlich, zu graben begann. Nach einer halben Stunde war klar, daß das, was er gefunden hatte, von oben einer großen, glattgeschliffenen Kristallkugel glich. Erst als der Abend dämmerte und Mitchell-Hedges tief genug gegraben hatte, konnte er vorsichtig einen lebensgroßen menschlichen Schädel aus klarem Bergkristall aus der roten, feuchten Erde heben.

Dann, im Augenblick als er mit beiden Händen den kostbaren Fund in die Höhe hob, ging ein Raunen durch die Reihen der indianischen Arbeiter, die bis dahin gebannt, aber eher distanziert die Szene beobachtet hatten. Jetzt jedoch fielen sie alle andächtig auf die Knie. Sie hatten schon lange von einem Gott gehört, der tief unter den Ruinen von Lubaantun residieren sollte, und jetzt wußten sie, daß man ihn gefunden hatte. Sofort errichteten sie ihm einen Altar, begannen, ihn kultisch zu verehren. Für die Zeit der Grabung ließ Mitchell-Hedges sie gewähren.

Aber der Schädel war unvollständig. Es fehlte der Unterkiefer. Erst nach drei Monaten, in denen man häufiger auf Skorpione, Tausendfüßler und vor allem Schlangen stieß als auf archäologische Artefakte, wurde man endlich fündig.

Bei näherer Untersuchung stand fest, daß der 5,3 Kilogramm schwere Schädel einst aus einem einzigen, großen Bergkristall herausgeschliffen worden war. Wissenschaftler errechneten, daß es mindestens 150 Jahre gedauert hat, in denen Generationen von

Menschen jeden Tag ihres Lebens den riesigen Block mit Sand abschmirgelten, bis der perfekte Schädel entstand.

Man fand heraus, daß Lubaantun im 8. Jahrhundert gegründet wurde. Es blühte bald auf, lag es doch in einer äußerst fruchtbaren Region. Die Stadt war ein Umschlagplatz für die im Bergland von Honduras angebaute Kakaobohne. Ihre Pyramiden waren bis zu 14 Meter hoch, der kultische Ballspielplatz sogar einer der größten, die je gefunden wurden. Doch die Stadt war erstaunlich kurzlebig. Schon nach rund 120 Jahren, so stand fest, wurde sie wieder aufgegeben. Es ist nicht bekannt, ob eine plötzliche Dürre, eine Seuche oder eine Naturkatastrophe die Maya zwang, die Stadt zu verlassen. Jedenfalls reichte die Zeit, in der die Stadt existierte, kaum aus, um den Schädel fertigzustellen. Stammte er also gar nicht aus Lubaantun? War er ein Erbstück aus uralter Zeit, das von den ersten Siedlern, die in die Stadt kamen, mitgebracht wurde?

Kaum nachdem Mitchell-Hedges seinen Fund nach Abschluß aller Grabungen in Lubaantun im Jahre 1935 in der Zeitung *New York American* bekannt gab, löste er einen Aufruhr in der Fachwelt aus. »Das ist nicht Maya!«, wetterten die Experten, allen voran der britische Archäologe Norman Hammond, der selbst Ausgrabungen in Honduras geleitet hatte. »Bergkristall wurde von den Maya nicht verarbeitet«, war sein Argument. Dem Archäologen wurde Schwindel und Betrug vorgeworfen, während andere spekulierten, er hätte ihn bewußt vor dem Altar vergraben, um seiner Tochter eine ganz besondere Geburtstagsüberraschung zu bereiten. Diese »Erklärung« war natürlich absurd. Selbst die nobelsten Juweliere Londons stellten keine Kristallschädel her, eine Sonderanfertigung hätte den Archäologen zudem mehr Geld gekostet, als er jemals besaß, und gewiß ist ein Totenkopf ein etwas makabres Geburtstagsgeschenk; nicht gerade das, was ein liebevoller Vater für seine heranwachsende Tochter aussucht.

Außerdem trifft zu, daß zwar kein einziger Kristallschädel im Lande der Maya entdeckt wurde, sehr wohl aber wurden zwei ähnliche Schädel aus Mexiko bekannt. So erwarb das Britische Museum bereits 1898 einen ebenfalls lebensgroßen Kristallschädel. Er befindet sich heute im »Museum of Mankind« in London. Sein Fundort ist unbekannt, es heißt nur, daß ihn ein in Mexiko stationierter spanischer Offizier Mitte des 19. Jahrhunderts außer Landes gebracht und verkauft haben soll. Wegen seines Stils wurde er den Mixteken oder Azteken zugeschrieben, zwei Stämmen aus dem Norden des Landes. Verglichen mit dem Lubaantun-Schädel wirkt er grob, unfertig. Zudem ist sein Unterkiefer nicht herausgearbeitet, sondern fester Bestandteil. Fast könnte er für eine primitive Kopie des Mitchell-Hedges-Fundes gehalten werden. Ein dritter Kristallschädel befindet sich im »Musee de l'Homme« in Paris. Er gelangte im 19. Jahrhundert, während der französischen Besetzung Mexikos, nach Frankreich. Den Kuratoren des Museums zufolge stammt er aus dem 15. Jahrhundert und stellt den aztekischen Totengott Mictlanteculli dar. Obwohl ebenfalls lebensgroß, ist er noch gröber gearbeitet als sein Londoner Gegenstück. Doch zumindest beweisen die beiden Funde, daß Kristallschädel sehr wohl in Mexiko von Bedeutung waren und auf Handelswegen durchaus in das benachbarte Belize gekommen sein könnten. So stellte auch Dr. Anna Roosevelt vom »Museum of the American Indians« in New York fest: »Der Fund von Lubaantun steht in einem sinnvollen Zusammenhang mit allen anderen vergleichbaren Funden, auch wenn diese minderwertiger sind, denn sie alle stammen aus Mesoamerika.«

Doch gerade diese Höherwertigkeit wirft ein weiteres Problem auf. Oder, wie es H.J. Braunholts vom Britischen Museum ausdrückte: »Er [der Lubaantun-Schädel] zeigt große Beachtung für die korrekte Wiedergabe von Einzelheiten, selbst kleine Erhebungen auf dem Schädel sind sorgfältig modelliert ... ein solcher Realismus scheint jenseits des gewohnten Spektrums aztekischer Kunst und verleiht dem Schädel nahezu den Charakter einer anatomischen Studie des wissenschaftlichen Zeitalters.«

Und noch eine ganze Reihe weiterer Details machen den Kristallschädel einzigartig, wie weitere Untersuchungen in den fünfziger und sechziger Jahren ergaben.

Als Frau Anna Mitchell-Hedges den Schädel dem amerikanischen Restaurator Frank Dorland zur Begutachtung überließ, stellte dieser eines Nachts am Kamin fest, daß die Augen des Schädels exakt das Feuer reflektierten. Unter dem Mikroskop entdeckte Dorland eine unglaubliche Optik: In der Mitte des Gaumens befand sich eine breite Fläche, die als 45-Grad-Prisma diente. Sie konnte Licht von unterhalb des Schädels direkt in seine Augen projizieren. Plazierte man ihn auf einem Steinaltar, in dem ein Feuer brannte, so genügte es, den Schädel auf eine kleine Öffnung zu stellen, um einen geradezu unheimlichen Effekt zu erzielen: Es schien dann so, als würde er lebendig werden, in seinen Augen ein Feuer brennen. Zudem war die Rückseite des Schädels so geschliffen, daß sie, wie eine Kameralinse, alles Licht in die Augenhöhlen leitete. In einem abgedunkelten Raum müssen sie geleuchtet haben. Zusätzlich schienen zwei feine Löcher als Stützvorrichtung gedient zu haben. Stand der Schädel auf zwei Ständern, paßte der Unterkiefer perfekt in die für ihn geschliffenen Aushöhlungen und konnte sogar bewegt werden. Das deutet darauf hin, daß er wahrscheinlich zu Orakelzwecken benutzt wurde.

Als nächster untersuchte der Leiter der Forschungsabteilung des Computergiganten Hewlett Packard, Jim Pruett, den Schädel. Er stellte fest, daß Schädel und Unterkiefer zweifellos aus einem einzigen Stück herausgearbeitet waren. Das war fast unmöglich, denn Bergkristall läßt sich nicht spalten; er würde sofort zersplittern. Die einzige Möglichkeit wäre es gewesen, den Block mit einer Diamantsäge fein zu zersägen. Pruett bezweifelte, daß man heute, trotz aller Technologie, in der Lage wäre, ein solches Meisterwerk herzustellen. Und die Augenhöhlen waren, wie Bearbeitungsspuren unter dem Mikroskop enthüllten, mit Rotationsbohrern ausgehöhlt worden, die ebenso fein wie moderne Instrumente waren. Pruett war von den »magischen« Augen des Schädels fasziniert und erklärte: »Indem man die Lichtquellen bewegt oder einen Winkel verändert, erscheint eine unendliche Vielzahl von Refraktionsmustern. Sie können geradezu hypnotisch wirken.« Dorland pflichtete ihm bei und ergänzte, daß zahlreiche sensitive Personen, die ihn gesehen haben, »mysteriöse und unheimliche Visionen empfingen, die von dem Schädel auszugehen schienen«.

Doch eben weil der Kristallschädel in seiner Beschaffenheit und Hochwertigkeit allen Gegenstücken aus Mexiko weit überlegen ist, war F.A. Mitchell-Hedges bald überzeugt, daß er das Werk einer sehr viel älteren, höheren Zivilisation sein mußte. »Atlantis war kein Mythos, sondern die Wiege der Zivilisation«, erklärte er 1935 im *New York American*. »Atlantis existierte. Sein Untergang verursachte die Sintflut, einen Kataklysmus, der Millionen das Leben kostete. Dazu zählten auch seine hochentwickelten Bewohner. Atlantis war die Wiege unserer Zivilisation, das Ursprungsland der Völker des alten Amerika.« Nach dieser Aussage rümpfte selbst der letzte Fachwissenschaftler die Nase. Atlantis galt als Tabuthema, das man gerne Spinnern und Phantasten überließ. Und von denen gab es genug, seit der griechische Philosoph Platon in seinen Dialogen Kritias und Timaios das Inselreich aus der Zeit vor der Sintflut in allen noch so schillernden Farben beschrieben hatte.

Als die Götter die Erde unter sich aufteilten, so Platon, fiel dem Meeresgott Poseidon der Inselkontinent zu. Dieser lag irgendwo zwischen »den Säulen des Herakles«, der Meerenge von Gibraltar, und dem »gegenüberliegenden Kontinent«, mit dem er durch eine Inselkette verbunden war. Einst »so groß wie Asien und Libyen zusammen« – gemeint waren Kleinasien, die heutige Türkei und die Kleine Syrte –, wurde es von zehn Stämmen bewohnt, deren Hauptstadt ein Wunderwerk der Städteplanung war. Ihre Akropolis war von drei kreisrunden Kanälen umgeben, die, durch eine Längsachse mit dem Meer verbunden, als Hafenbecken dienten, und von Mauern, die mit edlen Metallen beschichtet waren. Ein ebenso ausgefeiltes Kanalsystem bewässerte die große Ebene von Atlantis, die durch ein Gebirge im Norden vor widrigen Winden geschützt wurde. In ihr kreuchte und fleuchte alles, was das Paradies zu bieten hatte, üppige Früchte und exotische Tiere, selbst Elefanten soll es hier gegeben haben.

Doch irgendwann reichte dieser Überfluß den Atlantoi nicht mehr. Sie zogen aus, um die Welt zu erobern. Erst überrannten sie Nordafrika und Ägypten, dann griffen sie das prähistorische Griechenland an. Nur durch den Heldenmut der Athener, so hieß es, wurden sie zurückgeschlagen, und zu allem Übermaß noch von den Göttern bestraft: »In einer einzigen, furchtbaren Nacht« versank die mächtige Insel im Meer. Nur noch verschlammte Untiefen erinnerten fortan die Seefahrer an seine einstige Herrlichkeit.

Kritische Geister haben Atlantis als fromme Parabel oder Entwurf einer gesellschaftlichen Utopie abgetan. Doch Platon selbst verbürgte sich für die Wahrheit seiner Geschichte, die ihm, wie es hieß, von dem großen Athener Staatsmann Solon überliefert wurde. Solon soll sie auf einer Reise nach Ägypten aus dem Munde der Hohepriester von Sais vernommen haben, die ihm Wort für Wort vorlasen, was ihre heiligen Texte und eine geheimnisvolle Schriftsäule von den Taten ihrer Vorfahren zu berichten hatten.

Seitdem gibt es kaum eine antike Kultur, kaum einen Teil der Erde, der nicht von findigen Forschern mit Atlantis identifiziert wurde. Derzeit stehen Troja und die Antarktis am höchsten im Kurs, zuvor mußten bereits Südspanien und Santorin, Sumer und Helgoland, Carnac in Frankreich und die Kanarischen Inseln, Brasilien und Peru abwechselnd für das verlorene Inselreich herhalten. Der 1956 verstorbene deutsche Ingenieur Otto Muck war überzeugt, daß die Azoren die höchsten Gipfel von Atlantis seien, das, wie er auf den Tag genau errechnete, am 5. Juni 8498 v. Chr. um 20.00 Uhr versank, als ein Asteroid in den Westatlantik einschlug. Geologen bezweifeln, daß je ein ganzer Kontinent in den Fluten versinken konnte. Doch es bleibt eine Tatsache, daß Ende der letzten Eiszeit, vor gut 12 000 Jahren, sämtliche Küstenregionen der Erde überschwemmt wurden. Vorher waren England und Irland Teile des europäischen Festlandes, während vor der Küste Floridas eine ausgedehnte Insel lag, 600 Kilometer lang und an der breitesten Stelle 320 Kilometer breit, deren höchste Erhebungen die heutigen Bahamas sind. Vor Bimini und Andros stießen Unterwasserarchäologen 1968 auf megalithische Strukturen, bei denen es sich durchaus um die Überreste einer einstigen Hochkultur handeln könnte.

Daß bereits vor 12 000 Jahren Hochkulturen existierten, wurde durch einen spektakulären Unterwasser-Fund japanischer Tiefseetaucher bewiesen, die im Frühjahr 1995 vor der Küste der Insel Yonaguni, 50 Kilometer südwestlich von Okinawa, in 25 Meter Tiefe auf eine riesige, stufenförmig angelegte Plattform stießen, ähnlich den peruanischen Tempelplattformen. Über die weiteren Untersuchungen berichtete die *Welt am Sonntag* am 10. Mai 1998: »Die Forscher entdeckten ein felsiges Gebilde von 150 Metern Breite, 200 Metern Länge und 90 Metern Höhe, das einer Stufenpyramide ähnelt. Prof. Masaki Kimura, Geologe an der Ryukyu-Universität in Okinawa, untersuchte die Anlage und kam zur Überzeugung, daß sie von Menschen errichtet worden sein müsse. Kimura: ›Ein Beweis dafür ist, daß es am Fuß des Felsens keine Erosionsspuren gibt wie abgebröckelte und verwitterte Steine. Um die mutmaßliche Stufenpyramide führt eine flache Bahn, die eine Straße zu sein scheint. Auffallend sind meterhohe Stufen, die zum Gipfel führen.‹« Die Stufen sind so ebenmäßig geformt, daß sie nach Ansicht von Prof. Robert Schoch, einem Geologen der Universität Boston, nicht von der Erosion des Wassers hätten geformt werden können.

Als weiteren Beweis dafür, daß man Spuren einer prähistorischen Tempelstadt gefunden hatte, wurden kleine, stufenförmige Pyramiden in unmittelbarer

Nähe der unterseeischen Plattform erwähnt. Sie haben eine Breite von zehn Metern und sind zwei Meter hoch. »Die Wissenschaftler«, so die *Welt am Sonntag*, »bezeichnen sie als Mini-Zikkurate«. Das Alter des Fundes schätzten die Geologen auf »mindestens 10 000 Jahre«. Prof. Kimura ist überzeugt, daß nur Menschen, »die technisch anderen Völkern weit voraus waren«, die Anlage errichtet haben konnten. Damit ist auch Atlantis, die Superzivilisation vor 12 000 Jahren, in die Nähe der Realität gerückt.

Um so faszinierter nahm Mitchell-Hedges zur Kenntnis, daß die Atlantis-Bewohner über ein ausgedehntes Wissen um den Einsatz von Kristallen verfügt haben sollen. Diese Behauptung jedenfalls stellte Edgar Cayce auf, ein Seher, der als »schlafender Prophet« in den vierziger Jahren in den Vereinigten Staaten einiges Aufsehen erregte. Cayce war in der Lage, Kranke, die zu ihm gebracht wurden, in Trance zu diagnostizieren – so korrekt, daß er damit selbst kritische Mediziner in Erstaunen versetzte. Doch darüber hinaus behauptete er, Bilder aus längst vergangenen Zeiten zu sehen. Cayce zufolge existierte Atlantis vor 12 000 Jahren als Inselreich im Atlantik. Von dort aus sei die antike Welt kolonisiert, Nordafrika und Mittelamerika besiedelt, ihre Kulturen begründet worden. Die Antlantoi, so der Prophet, benutzten Kristalle als Quelle und Speicher »galvanischer und spiritueller Energien«. Die Kristalle waren so kraftvoll, daß eine ganze Technologie auf ihrem Einsatz beruhte, was letztlich durch eine Kettenreaktion zum Untergang der Insel führte. Die Kristalle wurden in einem ovalen Tempel aufbewahrt, dessen Dach geöffnet werden konnte, damit das Licht der Sonne und der Sterne die »Steine des weißen Feuers« aktivierte. Mit ihrer Hilfe, so Cayce, regenerierten die Atlantoi ihre Zellen, verlängerten sie ihr Leben. War der Kristallschädel ein Gerät der Kristalltechnologie von Atlantis, wurde er von seinen Weisen vor der Katastrophe nach Mittelamerika gerettet? Oder war er ein »Geschenk der Götter«, ein sprechender Stein, der den Maya die Zukunft voraussagte, sie vielleicht sogar dazu bewegte, die Stadt Lubaantun aufzugeben? Da Stein nicht datiert werden kann, bleibt das Rätsel des Kristallschädels vorerst ungelöst.

Kristall*schädel* wurden nur in Mesoamerika gefunden, Kristall*kugeln* aber werden auch in der europäischen Tradition zur Voraussage der Zukunft benutzt. In England und Schottland galten sie als »Steine der Kraft«. Auf dem Szepter der schottischen Könige war eine Kristallkugel von sechs Zentimetern Durchmesser angebracht. Seit dem Mittelalter benutzen Seherinnen Kristallkugeln, um durch sie die Zukunft zu lesen. Eine Kristallkugel weist unendlich viele Möglichkeiten auf, Licht auf ihrer polierten Oberfläche zu reflektieren. Und in den so erzeugten Spiegelungen sah das phantasiebegabte Medium Szenen aus der Vergangenheit, Gegenwart und Zukunft. Als »Traumsteine« legte man sie auch unter das Kopfkissen, um im Schlaf mit ihnen zu kommunizieren oder prophetische Träume zu empfangen. Außerdem, so glaubte man, konnte ein Kristall – ganz gleich ob als Kugel geschliffen oder in seiner naturbelassenen Form – Energien speichern, kanalisieren oder verstärken. Alte Schweizer Familien, die nach Amerika auswanderten, nahmen oft einen großen Bergkristall mit, weil sie fest davon überzeugt waren, die Heimat zu spüren, wenn sie tief in den Stein hineinblickten. »Der Kristall steht an der Spitze der Edelsteine, er stammt vom feuerstrahlenden Himmelsglanze. Wer mit ihm in der Hand den Tempel betritt, dessen Gebet wird erhört«, heißt es im *Steinbuch* des Orpheus, das im Mittelalter wiederentdeckt wurde und sich bei Volksheilern großer Beliebtheit erfreute. Im alten Indien galt der Bergkristall als der »weiße, durchsichtige und fleckenlose Edelstein der Götter«. Rosenkränze aus Bergkristall – in Indien Jap-Mala genannt und beim Chanten der heiligen Gottesnamen benutzt – galten als besonders wirkungsvoll. Auch zu Heilzwecken wurden Bergkristalle gerne benutzt. Einstein beispielsweise lehrte, daß alle Materie nur »gefrorene Energie« ist. Damit wäre der menschliche Körper ein komplexes System von Energiezentren, die mit Körper, Seele und Geist interagieren. Die Volksheiler alter Kulturen glaubten, daß Quarzkristalle biologische Organismen beeinflussen. Sie sind auch in der Lage, psychische Energien zu verstärken und damit Heilung zu bewirken. Zudem sollen Kristalle, auf die Chakren gelegt, harmonisierend wirken. Wie sehr der Bergkristall schon in der Antike geschätzt wurde, drückt Claudian, ein römischer Dichter des 4. Jahrhunderts, in seinen Versen aus:

> *»Veracht ihn nicht, so formlos er auch sei,*
> *den eisg'en Stein, genannt Kristall.*
> *Er ist mehr wert als all der Kön'ge Pracht,*
> *und alle Perlen, aus der See gebracht.*
> *Denn dieser grobe Stein, so ohne Zier*
> *er ist der erste aller Schätze mir.«*

Heute hat die Wissenschaft bestätigt, daß der Volksglaube über die erstaunlichen Eigenschaften von Quarzkristallen durchaus seine Berechtigung hat. Schon 1880 experimentierte der Physiker Pierre Curie mit Kristallen. Er befestigte Elektroden an den beiden Enden eines Quarzkristalles und beschwerte ihn. Als der Druck zunahm, registrierten seine Instrumente elektrische Ladungen auf der Oberfläche des Steins.

Diesen Effekt nennt man »Piezoelektrizität«, nach dem griechischen Wort für »Druck erzeugen«. Neun Jahre später entdeckte seine Frau, die Physikerin Marie Curie, daß ein Quarzkristall oszillieren kann. Ihre Experimente führten zur Entdeckung, wie die Bewegung von Wellenlängen kontrolliert, ausgesendet und empfangen werden kann. Diese Entdeckung ermöglichte die Erfindung des Radios, der drahtlosen Übertragung von Informationen und nicht zuletzt des Mobilfunks.

Radio- und Fernsehgeräte empfangen bestimmte, von Sendern ausgestrahlte elektromagnetischen Wellen. Hier kommen Schwingquarzkristalle ins Spiel, die auf einer bestimmten Frequenz oszillieren. Wird beispielsweise das Radio auf die Wellenlänge 108,34 eingestellt, oszilliert der Quarzkristall auf eben dieser Frequenz und empfängt die entsprechend ausgesendeten elektromagnetischen Wellen. Nur reinste Quarzkristalle sind dazu geeignet. Erst in den letzten Jahrzehnten wurden sie durch Transistoren abgelöst, aktive Halbleiter, die unter anderem aus Silizium, Germanium oder Galliumarsenid bestehen. Quarz kann auch in Schwingung versetzt werden, um regelmäßig elektrische Impulse auszustrahlen, die Computer oder Quarzuhren antreiben. In einem bestimmten Schwingungszustand kann Quarz auch Hochfrequenz-Radiowellen, sogenannte Mikrowellen ausstrahlen. Dabei kann die ausgesandte Welle zu einem feinen Strahl gebündelt werden. Auf diese Weise entsteht die »Mikrowellenverstärkung durch stimulierte Strahlungsemission«, auch MASER genannt. Beim Laser-Strahl können z. B. anstelle von Mikrowellen auch Lichtwellen durch einen Rubin gebündelt und verstärkt werden. Im übrigen weisen Quarzkristalle eine ungeheure Speicherkapazität auf. Nicht umsonst wird von der modernen Computerindustrie Silizium als Grundstoff für extrem speicherfähige Mikrochips verwendet.

Quarz besteht aus Siliziumdioxid = SiO_2 oder Silica, dem häufigsten Mineral in der Erdkruste. Quarzkristalle entstehen unter extremer Hitze und Druck, wie sie bei tektonischen Erdbeben und Vulkanausbrüchen vorkommen. Während der Abkühlung der Atome ordnen sie sich in symmetrischen Formen an. Eigentlich ist ein Kristall nur eine einfache Molekular-Struktur großen Ausmaßes. Die Atome ordnen sich in regelmäßigen Mustern an, wie beim Quarz, wo sich stets zwei Oxygenatome mit einem Siliziumatom verbinden. Die natürliche Form des Quarzes besteht immer aus sechs Seiten. In der Natur wachsen Quarzkristalle sehr langsam, so dauert es 10 000 Jahre bis ein fünf Zentimeter langer Quarzkristall entsteht. Die Einwirkung von Strahlung auf Kristalle verändert ihre Farbe – von reinem Weiß bis hin zum Grau oder einem tiefen, mysteriös durchschimmernden Schwarz (Rauchquarz). Durch chemische Verunreinigungen kann er auch violettfarben sein (Amethyst – durch Spuren von Eisenoxid); gelb (Citrin – durch Spuren von Eisen); rosa (Rosenquarz – durch Spuren von Titanium-Dioxid) oder grün (Aventurin – durch Glimmer-Einschlüsse). Bei einer weiteren Gruppe von Quarzkristallen handelt es sich um Chalzedonite, die als Schmuck- und Orakelsteine im Vorderen Orient beliebt waren – sie sind beispielsweise noch auf dem Bruststück des jüdischen Hohepriesters angebracht. Es sind kryptokristalline Quarze – Quarze so feiner Kristalle, daß sie nur durch Röntgenstrahlen sichtbar gemacht werden können. Ihre Einschlüsse können bis zu 20 Prozent betragen.

Zu den Chalzedoniten zählen:

– Chrysopras, ein apfelgrüner Stein, der feine Fasern aus Nickeloxid beinhaltet.
– Blutstein, eine Art Jaspis, dunkelgrün mit roten Punkten.
– Agate, die in Farbe und Transparenz variieren.
– Jaspis, der rot, dunkelrot, braun oder gelb sein kann, je nach Grad der Verunreinigung durch Ton und Eisenoxid.
– Carnelian, der rot ist vom Eisenoxid.
– Onyx, ein Agate, der von schwarzen, braunen und roten Adern durchzogen ist.
– Tigerauge, seidig von goldbraunen Adern durchzogen, die durch oxidierte Asbestfasern oder Krozidolit entstehen.
– Sardonyx, ein Onyx mit Schichten aus braunem Sand und Karneol, kombiniert mit weißem und blauem Onyx.

Auch Edelsteine und Halbedelsteine, die keine Quarze sind, enthalten Silizium und werden deshalb Silikate genannt: Smaragd, Aquamarin, Turmalin, Topas, Zirkon, Peridot und Garnet. Rubine und Saphire dagegen bestehen aus Oxygen in Kombination mit anderen Elementen und werden daher auch als Oxide bezeichnet. Nach der Härteskala von Mineralien, die Friedrich Mohs um 1800 entwickelte und die noch heute im Gebrauch ist, nimmt Quarz die vierte von zehn Stellen ein.

10 Diamant	5 Apatit
9 Korundum	4 Fluorit
8 Topas	3 Calcit
7 Quarz	2 Gips
6 Feldspat	1 Talg

Quarz ist so hart, daß er die Zeiten übersteht und nie verwittert. Er ist so rein, daß ihn Wissenschaftler für die notwendigerweise verunreinigungsfreien Teströhren der Radiocarbon-Datierungen verwenden. Nur unter starkem Druck und Hitze lösen sich Quarzkristalle auf. Die Flüssigkristalle scheinen einer Art einprogrammiertem Gedächtnis zu entnehmen, daß sie mit dem nächstgelegenen Kristall verschmelzen müssen, um eine neue, vollkommene Kristallstruktur zu bilden. Die mechanisch-elektrischen oder piezoelektrischen Eigenschaften des Quarzes prädestinieren ihn zum Speicher natürlicher Energien.

Heute können Kristalle »gezüchtet« werden. Weil hochwertiger, d.h. extrem reiner Bergkristall selten ist, züchten Computergiganten ihre eigenen Kristalle. Zudem befinden sich Quarzkristalle in den verschiedensten Gesteinsarten, speziell im Granit, aber auch in Sandstein, der aus kleinen Quarzkristallen besteht, die in anderes Material eingebettet sind. So ist auch der Sandstein, der als »Stein des Schicksals« noch heute in Schottland verehrt wird, weil Jakob auf einem solchen Stein seine entscheidende Vision hatte, ein Quarz. Ebenso wie die mächtigen Steine von Stonehenge und Avebury oder die Menhire, die von den alten Völkern benutzt wurden, um die Kräfte der Erde durch ein mit der Akupunktur vergleichbares Verfahren zu kontrollieren. Alle »heiligen Steine« der Menschheit beinhalteten Quarz und »funktionierten« daher auf der Grundlage desselben piezoelektrischen Prinzips. Daraus zeigt sich, daß sich hinter den Legenden vom »flüsternden Stein« kein alter Aberglaube verbirgt, sondern eine hochentwickelte Technologie, die wir gerade im Begriff sind zu entdecken. Die MEs waren die Chips der Götter.

Daß Kristalle leuchten, Licht bündeln oder verstärken können, ist kein Rätsel mehr, dies kann vielmehr in einem einfachen Experiment nachvollzogen werden: wenn nämlich in einem dunklen Raum zwei Kristalle aneinander gerieben werden, entsteht ein leichtes Leuchten. Durch Reibung entstehendes Licht wird Triboluminiszenz genannt. Die rasche Ausübung von Druck »verwirrt« die atomare Struktur, das wiederum führt zu einer Elektronen-Entladung auf einer Seite des Kontaktpunktes, die Licht produziert. »Thermoluminiszenz« ist durch Erhitzung entstehendes Licht, wobei Energie in Licht transformiert wird. Bestimmte Mineralien strahlen Licht aus, wenn sie ultravioletten oder Röntgenstrahlen ausgesetzt werden, »Fluoreszenz« genannt. Licht, das nach Abschalten der Energiequelle leuchtet und bei dem eine verzögerte Energieabgabe auftritt, heißt »Phosphoreszenz«. Das Glühwürmchen ist dafür ein gutes Beispiel: bei diesem Insekt bewirkt ein Enzym die verzögerte Reaktion. Ebenso reagiert Quarz auf Schallwellen.

In seinem Buch *Die geheime Sprache der Stunde* weist Don Robbins nach, daß bei vielen Kristallen, besonders bei Quarzkristallen, das sogenannte Gitterwellen-Phänomen in Erscheinung tritt: Durch Photonen und Elektronen wird ein piezoelektrischer Effekt ausgelöst mit der Konsequenz, daß eine Art akustischelektrischer Verstärker entsteht. In das Gitter eingefütterte Schallwellen können die seltsamsten Auswirkungen erzeugen. Die Robbinsche Entdeckung führt dahin, daß selbst Geschichten von der Wirkung »magische Worte« – wie das berühmte »Sesam öffne Dich!« oder die Mantras der indischen Tradition – einleuchtend erscheinen.

In allen Religionen spielen spezielle Tonfrequenzen, Rhythmen und gechantete Wiederholungen von

Gottesnamen eine wichtige Rolle. Ebenso gehören bestimmte Instrumente – meist Glocken oder Trommeln – zu den häufigsten rituellen Zeremonien. Könnten sich dahinter Erinnerungen an eine Technologie verbergen, die mit Ton- und Lichtwellen sowie mit Quarzen und Kristallen arbeitete? Die moderne Computertechnik setzt Kristalle bei »voice recognition devices«, d.h. Stimmenerkennungssystemen ein. Durch sie werden verbale Schallwellen in bits aufgeteilt, die wiederum in Zahlen umgesetzt werden, die der Rechner verarbeitet. Wir stehen mit dieser Technologie erst am Anfang, langfristig aber wird sich die Vorstellung von »sprechenden Steinen« eher als technische Zukunftsvision denn als mythische Zauberei herausstellen.

Das 20. Jahrhundert war das Zeitalter der Elektronik. Das 21. Jahrhundert wird als Zeitalter der optischen Technologie in die Geschichte eingehen. Diese Entwicklung begann 1948, als die Laboratorien der US-Telefongesellschaft Bell ihre bedeutendste Entdeckung machten: den Transistor. Er bedeutete einen solchen Quantensprung in der Technologie, einen so revolutionierenden Durchbruch, daß bis auf den heutigen Tag die Gerüchte nicht verstummen, daß es sich dabei um keine Erfindung im eigentlichen Sinne handelte, sondern bloß um einen Nachbau. Im Sommer 1997 behauptete der ehemalige Leiter der Abteilung für Fremde Technologien des US-Verteidigungsministeriums, Oberst Philip J. Corso, das Vorbild für den Transistor stamme gar nicht von der Erde. Es sei von der US-Luftwaffe aus dem Wrack eines außerirdischen Raumschiffes geborgen worden, das im Juli 1947 unweit von Roswell im Staat New Mexico auf die Erde stürzte. Um die technische Auswertung der Wrackteile möglichst unauffällig und effektiv voranzutreiben, hätte man die Funde privaten Firmen übergeben, mit dem Auftrag, sie nachzubauen, ohne ihre Herkunft zu enthüllen. Gelang das, gehörte das Patent der jeweiligen Firma. So, behauptete der Pentagon-Offizier, sei das Informationszeitalter durch den Nachbau von Transistoren, Glasfasertechnologie, Lasern und Mikrochip eingeleitet worden. Sein Buch schaffte es in den USA auf die Bestsellerlisten, und eigentlich hätte man einen heftigen Protest der Erfinder und ihrer Firmen erwartet. Doch dieser fand nicht statt und Oberst Corso blieb bislang unwidersprochen.

Der Transistor ist ein kleiner Halbleiter aus künstlichen Silizium- und Germaniumkristallen. Er vereint in sich die Eigenschaften eines elektrischen Transmitters und eines Resistors, daher der Name. Die Entdeckung ließ sofort die bis dahin verwendeten, auf dem letzten Stand der Technik stehenden Vakuum-Röhren als heillos veraltet erscheinen. Halbleiter sind Kristalle mit »Verunreinigungen«. Eben diese Verunreinigungen leiten Energie, während der Quarzkristall selbst isoliert. Durch die Anwendung von zwei oder mehreren Halbleiter-Materialien konnte auch die Leistungsfähigkeit von Vakuumröhren erhöht, die entstehende Erhitzung reduziert oder ganz eliminiert und dadurch die Geräte dramatisch verkleinert werden. Die so entstandenen integrierten Schaltkreise bilden heute das Herz eines jeden Elektrogerätes.

Die Geschichte der Elektronik ist im Gegensatz zur Entwicklung vieler anderer Technologien keine Geschichte bahnbrechender Einzelentdeckungen und herausragender Erfinderpersönlichkeiten, sondern das Ergebnis unermüdlichen Forscherfleißes. Erst nach zahllosen Versuchen und Erfindungen, die zum Teil schon im 19. Jahrhundert einsetzten, zeichnete sich schließlich ein zukunftsweisender Durchbruch ab.

Es entwickelten sich Fertigungsverfahren, die so kompliziert sind, daß sie Nichtfachleuten meist völlig unverständlich bleiben. Denn das nichtssagende, glatte Äußere eines solchen Bausteins läßt keinerlei Rückschlüsse auf dessen komplexen Aufbau oder gar auf seine Funktionsweise zu. Damit aber die Leistungen dieser Pioniere ins rechte Licht gerückt werden, sollen hier Herstellungsweise und Funktion der Mikrochips wenigstens andeutungsweise aufgezeigt werden: In der Frühzeit der Elektronik wurden die einzelnen Bauelemente wie Transistoren, Widerstände, Kondensatoren, Spulen und dergleichen mehr durch einfaches Verdrahten oder Verlöten zu Schaltungen verbunden.

Um 1950 wurde dieses ebenso aufwendige wie unübersichtliche Verfahren durch die »gedruckten Schaltungen« abgelöst. Dabei wurden Kunststoffplatten von annähernd Postkartengröße, die bereits Bohrungen für die einzelnen Bauteile besaßen, mit Leitbahnen aus Kupfer bedruckt. Die elektronischen Bauteile wurden dann in einem Spezialbad mit der Platine verlötet.

Diese Schaltungen waren immer noch sehr groß – sollte damit ein auch nur halbwegs leistungsfähiger Computer gebaut werden, würde dieser einen ganzen Saal einnehmen.

Die integrierten Schaltungen brachten hier zwar einen gewissen Fortschritt mit sich, doch die Miniaturisierung der Elektronik gelang erst durch die Mikrochips. Inzwischen haben diese Siliziumwinzlinge nach jahrelanger Entwicklung eine Leistungsfähigkeit erreicht, die ans Wunderbare grenzt. Selbst unter dem Elektronenmikroskop erkennt auch ein technisch versierter Zeitgenosse nicht mehr als ein unergründliches Labyrinth verwirrender Strukturen. Der das Gehirn eines Mikrocomputers verkörpernde und Prozessor genannte Chip kann Schaltvorgänge innerhalb von Milliardstel Sekunden ausführen. Er kommt damit der Lichtgeschwindigkeit – 30 Zentimeter in einer Milliardstel Sekunde als der theoretisch höchsten Geschwindigkeit zur Übermittlung von Signalen – schon ziemlich nahe.

Die wichtigste Erfindung auf dem Gebiet der Mikroelektronik gelang mit dem Mikroprozessor, der über alle wesentlichen Bestandteile einer Recheneinheit verfügt, als da sind Rechenwerk, Programmzähler, Register und Steuereinheit.

Dieses auf einen Siliziumkristall aufgedruckte, eingeätzte und galvanisierte (also durch Elektrolyse mit Metall überzogene) System wird von dem winzigen Prozessor dirigiert, dessen Ausführungsanweisungen unter anderem durch Signalsteuerungselemente, Programm- und Datenspeicher erledigt werden. Dabei nimmt der Mikroprozessor im Computergehäuse kaum mehr Platz ein als ein Fünfmarkstück. Auch in aufwendigeren Druckern werden Mikroprozessoren eingesetzt.

Die Rechenleistungen eines Superrechners zu Anfang der 90er Jahre wurde in »FLOPS« pro Sekunde gemessen, also in »Floating Point Operations«. Dies sind hochkomplizierte »Gleitkomma-Operationen«, also Berechnungen, bei denen zwei beliebige, meist mit 15 Stellen gespeicherte Werte addiert oder multipliziert werden. Hochleistungsrechner verarbeiten solche Operationen im Millionen- oder gar Milliardenbereich, stoßen also in den Bereich der Mega- oder Giga-FLOPS vor.

Theoretisch bewältigten die schnellsten Rechner bereits vor 10 Jahren drei Giga-FLOPS – inzwischen sind es rund 40 Giga-FLOPS. Bei geschickter Ausnutzung der Vektoreneinheit, also bei guter Programmierung, kommen davon etwa 50 Prozent tatsächlich auch zum Tragen. Computer dieser Leistungsfähigkeit verfügen über eine ganze Reihe von Recheneinheiten.

Bei nur einer Recheneinheit verringert sich diese Leistung auf etwa zehn Prozent. Die Leistungsfähigkeit eines Superrechners hängt natürlich nicht zuletzt von der Kapazität seines Hauptspeichers ab, der bei den größten Anlagen Hunderte von Millionen Zahlen umfaßt. Doch selbst das reicht für viele Anwendungen nicht aus. Denn bei der Berechnung beispielsweise komplizierter naturwissenschaftlicher Zusammenhänge müssen im Prinzip alle Werte gleichzeitig beachtet werden. Da dies nicht möglich ist, gehen in der Praxis bis zu dreißig Prozent der Rechenzeit für das Ein- und Auslagern von Daten auf die Massenspeicher verloren.

Zur Herstellung von Chips für Supercomputer wird nicht mehr nur Silizium, sondern auch Galliumarsenid verwendet. Und das Einätzen der Leiterbahnen wird inzwischen von Röntgenstrahlen ausgeführt, die präziser arbeiten als Laser.

Die Wärmeentwicklung supraleitender Elektronen bei der Übermittlung ihrer Botschaften wird mittlerweile durch tiefgekühlte Leitungen verhindert. Es sind auch nicht mehr Elektronen, die sich mit unvorstellbarer Geschwindigkeit durch die Leitungen fortbewegen, sondern Photonen (= Lichtteilchen).

Der Forscher John von Neumann entwickelte bereits vor einem halben Jahrhundert das Grundkonzept für einen leistungsfähigen Computer. Ein solcher Superrechner besteht aus den gleichen zwei Hauptkomponenten wie unser alltäglicher PC: einem Datenspeicher mit allen einprogrammierten Informationen und Arbeitsanweisungen sowie dem Prozessor, der alle Rechenoperationen durchführt. Der Aufbau dieser Bauteile im Superrechner hat allerdings mit einem handelsüblichen Rechner nichts mehr gemein. Jeder von den heute in aller Welt eingesetzten Supercomputern verfügt über eigene Parallelschaltungen. Die Vorteile parallel geschalteter, im Verbund arbeitender Prozessoren waren zwar bereits durch von Neumann erkannt worden, aber solche Tandemsysteme waren vor der Entwicklung des Mikrochips technisch noch nicht durchführbar. Denn die Computer der vierziger Jahre waren noch mit Elektronenröhren bestückt, die viel Platz einnahmen. Unter den heutigen Supercomputern ist der nach seinem Hersteller Seymour Cray benannte Super-Computer »Cray-2« einer der bekanntesten. In den letzten zwei Dekaden ging die Entwicklung praktisch jeder neuen Generation von Superrechnern auf Cray zurück. Es ist nicht zuletzt sein Verdienst, daß die USA in der Computertechnologie nach wie vor eine Führungsrolle einnehmen.

Cray-2 war einer der schnellsten Großrechner der Gegenwart. Trotz seiner immensen Leistung war er recht kompakt gebaut, entwickelte jedoch deswegen bei der Arbeit so viel Wärme, daß er nur in einem mit flüssigem Fluorkohlenstoff gefüllten Becken betrieben werden konnte. Denn ohne diese Kühlung wäre er sofort in Flammen aufgegangen. Der zentrale Prozessor des Cray-2 konnte trotz wesentlich kleinerer Bauweise im Vergleich zu seinem Vorgängermodell pro Sekunde 1,2 Milliarden Rechenvorgänge abwickeln. Cray erzielte diese Leistung durch vier parallel geschaltete Prozessoren, mit denen er seinen Computer ausstattete. Allerdings erreichte Cray-2 die von vielen Naturwissenschaftlern und vor allem Astrophysikern geforderten Rechenkapazitäten für komplizierte Berechnungen künftiger Generationen noch nicht.

Der Computerwissenschaftler der Columbia Universität in New York, David Shaw, benutzte bei der Arbeit an seinem Supercomputer ein völlig anderes Prinzip als es bei den Cray-Rechnern angewandt wurde. Anstelle von vier parallel geschalteten leistungsstarken Prozessoren arbeitete er nämlich mit einer Million kleiner pyramidenförmig angeordneter, zu einem Kommunikationssystem vernetzter Prozessoren. Lediglich die Spitze dieser Pyramide wurde mit einigen Hochleistungsprozessoren ausgestattet. Beim Bau seines Rechners ging Shaw von der Voraussetzung aus, daß eine größere Gesamtleistung erbracht wird, wenn viele »kleine Hirne« zusammenwirken, im Gegensatz zur Kooperation weniger »Superhirne«.

Zur Zeit gehört der Parallelrechner CM5 von der »Thinking Machines Corporation« zu den leistungsfähigsten der Welt. Aber selbst bei diesen leistungsstärksten Großrechnern zeigt sich, daß sie mit ihren auf einen sehr engen Bereich begrenzten Leistungen in letzter Konsequenz doch »Fachidioten« bleiben. Ein Problem, das besonders augenfällig wird, sobald einem Computer mehrere Aufgaben gleichzeitig gestellt werden.

Inzwischen wurden allerdings Computer entwickelt, die nicht nur auf die natürliche menschliche Sprache reagieren, sondern sich darüber hinaus auch auf kommunikative menschliche Verhaltensweisen stützen. Sie verfügen nicht nur über Fachinformationen, sondern können auch Probleme lösen. So sind sie fähig, ihr kommunikatives Verhalten den Bedürfnissen des Benutzers anzupassen – das heißt: sie können beraten, kritisieren und schulen. Dies ist nicht nur der Software, sondern auch der Hardware zuzuschreiben.

Darüber hinaus können sie die Zusammenarbeit einer Gruppe koordinieren, ungenaue oder widersprüchliche Anweisungen nicht nur interpretieren, sondern auch korrigieren und, dem Wunsch des Benutzers entsprechend, können sie diesem sogar ihr Verhalten und ihre Leistung darlegen.

Aber zurück zum Quarzkristall: Er gehört zu den preiswertesten und zuverlässigsten Transmittern von Radiowellen. Heute sind zahllose Armbanduhren, Fernsehgeräte, Computer, Mobiltelefone und Videorekorder mit dünnen Quarzscheiben versehen. So oszilliert der Quarz mit 32 768 Umdrehungen pro Sekunde in Quarzuhren. Und im Inneren von Radio- und Fernsehgeräten trennen Tausende von Quarzscheiben Sendefrequenzen untereinander.

Doch diese in elektronische Geräte eingebauten Quarze sind nur Vorboten eines neuen Zeitalters – des optischen Zeitalters. Dieses begann mit der Entdeckung des Transistors und der Glasfasertechnologie, die Kupferdrähte als Datenleiter verdrängten. Schon heute ist ein Großteil der bundesdeutschen Haushalte durch haardünne Glasfasern – den Überträgern von Hunderten von TV-Kanälen – »verkabelt«. Durch Laserdiscs können unvergleichlich mehr Informationen gespeichert werden als durch Disketten vorausgegangener Generationen. Optische Computer arbeiten nicht mit Elektronen, sondern mit aus Photonenströmen gewonnenen Laserstrahlen. Aufgrund der großen Präzision des Lasers lassen sich Informationen auf wesentlich engerem Raum speichern und trotzdem korrekt abrufen. Weiterhin arbeiten die Entwicklungslaboratorien der Computergiganten an der holographischen Datenspeicherung, welche die Laserdiscs an Geschwindigkeit und Speicherkapazität um Längen schlagen wird. Der »Holospeicher«, an dessen Entwicklung derzeit ein Labor in Austin, Texas, arbeitet, soll »digitale Informationen in Form dreidimensionaler optischer Hologramme in fotorefraktiven Kristallen« speichern. Die Daten würden als zweidimensionale Lichtmuster oder »Seiten« im dreidimensionalen Volumen eines lichtsensitiven Kristalls gespeichert werden. Die Organisation der Daten in Seiten vereinfacht den Zugang zu ihnen. Die schnellste Diskette braucht heute fünf Stunden, um die gleiche Menge Informationen zu übertragen, für die der »Holospeicher« gerade eine Sekunde benötigt.

Die Bell-Laboratorien kündigten inzwischen die Entwicklung eines »optischen Computers« an, der seine Kalkulationen mit Lichtimpulsen erarbeitet, damit wäre er tausendmal schneller als der schnellste »konventionelle« Computer. Ein solcher Mega-Computer hat keine Stromkreise und keine Silizium-Chips. Er besteht statt dessen aus einem Netzwerk von Lasern, Linsen und Spiegeln. Die Zukunft der optischen Technologie aber liegt in der Anwendung des reinen Quarzkristalls.

Die Kapazität des Quarzes, Daten zu speichern, ist millionenmal größer als die elektromagnetischer Datenträger. Durch »Impfungen« beziehungsweise gezielte Verunreinigungen kann Quarz zum Halbleiter werden. Andererseits ist es ihm als Transkonduktor möglich, Energie von einer Form in die andere zu konvertieren. Als Kondensator eignet sich Quarz sogar zur Speicherung von Energie, die später wieder freigesetzt werden kann. Seine Anwendungsmöglichkeiten sind praktisch unbegrenzt. Quarz reagiert nicht zuletzt auch auf Energiefelder und vielleicht auf menschliche

Gehirnwellen und kann sogar durch Tonfrequenzen aktiviert werden.

Wäre es möglich, unsere Gehirnwellen mit Hilfe von Quarzkristallen direkt auf einen Computer zu übertragen? Auf diese Weise etwa gar Autos oder Flugzeuge zu steuern? Könnten wir schließlich das geballte Wissen unserer Zeit in einem einzigen Kristall speichern? Würde es unter Umständen gar gelingen, anhand von »Steinen« – den MEs der Sumerer gleich – Ereignisse zu programmieren und zu steuern?

Das dritte Jahrtausend wird für uns zu einer abenteuerlichen, niemals endenden Entdeckungsreise werden. Dabei wird die Erkenntnis, daß alles schon einmal dagewesen ist, wohl das faszinierendste Erlebnis werden. Der Weg in die Zukunft ist zugleich eine Rückkehr zu den Quellen – zum Ursprung.

Das Dragon-Projekt

An einem schönen Herbsttag besuchte der englische
Beamte Peter Thornborrow die prähistorische Steinkreisanlage »Long Meg and her Daughters« in Cum-
bria, im nordwestlichen England. Beim Herumspazie-
ren zwischen den Menhiren überkam ihn plötzlich ein
Schwindelgefühl. Und als er sich auf einen der Granit-
blöcke stützte, spürte er eine Art elektrischen Schlag,
und seine Beine gaben nach. So schnell es sein Zustand
erlaubte, verließ er den unheimlichen Ort. Danach er-
holte er sich schnell wieder.

Da zahlreiche Menschen nach dem Besuch prähi-
storischer Stätten von ähnlichen Erlebnissen berichtet
haben, wurde das »Dragon-Projekt« ins Leben gerufen,
um dieses Phänomen zu ergründen. Die aus Wissenschaftlern bestehende Arbeitsgemeinschaft dieses
Projekts stellte fest, daß bestimmte Menhire sowie andere steinerne Kultanlagen besonders hohe Werte
natürlicher Radioaktivität abstrahlen.

Noch gab es praktisch keine wissenschaftlichen
Forschungen, die sich mit den Auswirkungen solcher
Strahlung auf Lebewesen, geschweige denn auf deren
geistige Verfassung beschäftigten. Es hatte sich allerdings herumgesprochen, daß sich an solchen radioaktiven Orten oder in deren Umgebung immer wieder
sonderbare, gar mystische Vorfälle ereignet hatten.
Hauptaufgabe des »Dragon-Projekts« war es nun, den
Hintergrund der Geschehnisse und deren Zusammenhänge zu ergründen und darüber hinaus festzustellen,
ob es eine natürliche Erklärung dafür gab.

Nach den Aussagen der Betroffenen kamen die Wissenschaftler zu der Überzeugung, daß zwischen dem energetischen Phänomen der Anlagen und den Erlebnissen tatsächlich ein Zusammenhang bestand. Einen besonders aufschlußreichen Bericht lieferte eine Frau, die in einer 3000 Jahre alten, unterirdischen Kammer im Boleigh Fogou des englischen Cornwall ein ungewöhnliches Erlebnis hatte: Sie verbrachte in dieser Kammer eine einsame Nachtwache, als sie sich plötzlich in einer Vision in gleißendem Tageslicht vor einer Kirche stehen und eine Hochzeit beobachten sah. Die vor ihren Augen ablaufenden Bilder waren so klar und deutlich wie auf einem Fernseh-Bildschirm. Der Spuk war in Sekundenschnelle wieder vorüber.

Die in dieser Kammer vorherrschende, hohe natürliche Radioaktivität interessierte insbesondere den Leiter des »Dragon-Projekts«, Paul Devereux, denn beim Messen von Strahlenwerten hatten am Projekt beteiligte Freiwillige in der Nähe der »Rollreight-Steine« bei Oxford, England, von ähnlichen deutlichen Visionen berichtet. Im Zusammenhang mit langwierigen Messungen wurde eine Hintergrundstrahlung innerhalb eines Teiles des Rollreight-Komplexes – dem sogenannten »King's Men-Steinkreis« – festgestellt, zudem wurden Strahlungswerte in einem Umkreis von 0,8 Kilometern gemessen. Unter Zugrundelegung der normalen Hintergrundwerte konnte so ermittelt werden, an welchen Stellen echte Anomalien vorlagen. Dabei kam zufällig ans Licht, daß auf einer nahe der Steinkreisstätte vorbeiführenden Landstraße, auf einer Länge von insgesamt 90 Metern erhöhte Radioaktivität herrschte. Unabhängig voneinander waren drei Mitarbeiter des Projekts auf eben diesem Streckenabschnitt von außergewöhnlichen Halluzinationen heimgesucht worden. So berichtete einer der

Mitarbeiter, ein Wissenschaftler, von der Begegnung mit einem riesigen, hundeähnlichen Tier mit zottigem grauen Fell. Der zweite, Vermesser von Beruf, sah einen Wagen mit zwei Personen auf sich zufahren, der dann ebenso schnell verschwand, wie er aufgetaucht war. Der dritte, ebenfalls ein Wissenschaftler, erblickte einen alten Zigeunerwagen, der sich kurz nach seinem Erscheinen in Luft auflöste. Die Mitarbeiter des Projekts tauften diesen Streckenabschnitt schließlich »Gespensterstraße«.

In 5000 Jahre alten Steinkammern (= Dolmen) in der englischen Grafschaft Cornwall ergaben die Messungen der Radioaktivität noch höhere Werte als in Boleigh Fogou. Diese megalithische Anlage wurde aus Granitgestein errichtet. Granit ist ein an Uranablagerungen reiches und überaus radioaktives Mineral, und die merkwürdigen Visionen der Betroffenen lassen sich möglicherweise mit deren besonders empfindsamer Reaktion auf natürliche Radioaktivität erklären. Bei manchen Menschen könnte die außergewöhnliche Natur dieser Steine durchaus visuelle oder akustische Halluzinationen auslösen. Vielleicht war den Erbauern dieser Kultstätte bereits bekannt, daß diesen Steinen »die Kraft innewohnte«, magische Visionen auszulösen.

Allerdings war natürliche Radioaktivität nicht das einzige Wissenswerte, dem das »Dragon-Projekt« im Zusammenhang mit alten Kultplätzen nachging. So entdeckten Wissenschaftler des Imperial College in London am Menhir von Llangynidr in der Nähe von Crickhowell, Wales, mit Hilfe empfindlicher Magnetometer magnetische »Knoten«. Bereits bei den Megalithen von Rollreight stellten Projekt-Mitarbeiter sowie ein unabhängiger Ingenieur bei Vermessungen unerklärliche, allem Anschein nach willkürlich auftretende, magnetische Schwankungen fest. Also mußten den Erbauern dieser Anlagen außer der Radioaktivität noch andere Energieformen bekannt gewesen sein.

Auch an vielen anderen Orten wurden Messungen des Magnetfeldes durchgeführt. Das in der französischen Bretagne gelegene Carnac Ville, das zu den größten Megalithenanlagen der Erde gehört, verfügt über ein ausgeprägtes Magnetfeld – wenn sich Wissenschaftler auch nicht im klaren sind, ob die geologischen Gegebenheiten dafür die Verantwortung tragen oder die Megalithen. Prähistorische Orte wie Stonehenge, im englischen Wiltshire, sind seit langem als »Orte der Kraft« bekannt. Ebenso der aus 38 Steinen bestehende Steinkreis von Castlerigg in Cumberland, der zu den eindrucksvollsten Megalithen von Großbritannien zählt. Die schwersten Blöcke davon wiegen 15 Tonnen und haben einen Durchmesser von 33,5 Metern. In der Umgebung dieses Steinkreises wurden merkwürdige Lichter beobachtet, und ein am westlichsten Punkt des Kreises stehender Steinblock erzeugt genügend magnetische Energie, um eine Kompaßnadel abzulenken. Dagegen wurden mit dem Geigerzähler keine radioaktiven Ausstrahlungen nachgewiesen.

Niemand hätte bei all diesen uralten Steinen mit derartig starken Magnetfeldauswirkungen gerechnet. In Castlerigg zeigte sich, daß nur der westlich gelegene Stein magnetisch ist. Bei dem Steinkreis von Gors Fawr in Wales stellte sich heraus, daß einer der beiden entlegensten Steine – zwischen denen der Lichtstrahl der aufgehenden Sonne am Johannistag eine Linie bildet – ebenfalls von einem starken Magnetfeld umgeben ist. Dieser Stein hat »sinnigerweise« die Form einer Sitzfläche. Denn beim Sitzen ruht der Kopf genau auf einem magnetischen Punkt.

Sobald ein Kompaß an einen der Menhire des Steinkreises von Mitchell's Fold gehalten wird, setzt sich die Kompaßnadel in Bewegung. Auch an anderen heiligen Stätten der ganzen Welt sind ähnliche Feststellungen gemacht worden. So vollzieht eine Kompaßnadel auf einem Ausläufer des Mount Tamalpais in Kalifornien, als indianischer »Kraftpunkt« bekannt, einen Kreis. Auch hier bilden die Steine eine Art Sitz, auf dem eine Position eingenommen werden kann, so daß sich der untere Teil der Wirbelsäule im Magnetfeld einer bestimmten Richtung befindet und der obere Teil im Magnetfeld einer anderen.

Wäre es möglich, daß in den prähistorischen monumentalen Steinanlagen über die Jahrtausende ganz besondere Informationsfelder eingebunden sind und daß sensible Menschen mit ihnen »in Resonanz« treten können?

Der englische Biogenetiker Rupert Sheldrake, Professor an der Universität Cambridge, geht davon aus, daß in der Natur alle Formen – Organisationsmuster – durch formgebende Felder bestimmt werden. Diese morphogenetischen Felder verkörpern eine Art Gedächtnis der Natur, das die Erfahrungen aller Individuen einer Art – gleichgültig ob Steine, Kristalle, Pflanzen, Tiere oder Menschen – speichert. Jedes Individuum stehe durch sogenannte »morphische Resonanz« mit diesen Feldern in Verbindung. Denn durch sie würden sowohl seine Form und Entwicklung als auch seine charakteristischen Verhaltensweisen gesteuert.

Rupert Sheldrake führt seine morphogenetischen Felder auf das zehndimensionale Urfeld vor dem »Big Bang« zurück, also auf eine Zeit- und neun Raumdimensionen. Seiner Überzeugung nach müssen alle in der Welt entstehenden Formen und Gebilde ihre Organisationsfelder haben, deren Abstammung letztlich auf das einheitliche Urfeld zurückzuführen sei. Mit dem Auseinanderbrechen der Ureinheit – der Symmetrie nach dem Urknall – seien die verschiedenen Feldkräfte der Natur entstanden, inbegriffen eine Art von allumfassendem Weltfeld evolutionärer Natur. Es könne auch als Weltseele bezeichnet werden.

Sheldrakes Theorie der morphogenetischen Felder beruht auf zahllosen Indizien. So ist beispielsweise bei der Entstehung eines Kristalls seine Form davon abhängig, wie sich ähnliche Kristalle in der Vergangenheit gebildet haben. Oder, um ein anderes Beispiel anzuführen: Wenn Ratten in New York darauf abgerichtet werden, in einem Irrgarten schnellstens den richtigen Weg zu finden, wird diese Information durch morphogenetische Resonanz auf Ratten in aller Welt übertragen, die dann diese Aufgabe schneller erlernen. In seiner Hypothese geht Sheldrake ferner davon aus, daß wir Menschen unsere Lernprozesse durch ein kollektives Gedächtnis auf dem aufbauen können, was unsere Mitmenschen vor uns gelernt haben.

Die Theorie der morphogenetischen Organisationsfelder deutet auf eine interessante Konsequenz hin: Die sogenannte Selbstorganisation von Lebenssystemen erhält durch morphische Resonanz Informationen von bereits existierenden Systemen. Danach müßten Leben und Bewußtsein, unter der Voraussetzung günstiger ökologischer Bedingungen, selbst im Universum weit verbreitet sein. Nach diesem Prinzip wäre die Voraussetzung humanoider Lebensformen im All, in anderen Planetensystemen, gegeben.

Die Ursubstanz allen irdischen Lebens entstammt den Sternen, und die »Garzeit« all dieser Bausteine des Lebens nahm etwa zehn Milliarden Jahre in Anspruch.

Auf unserem Planeten war eine bestimmte Zusammensetzung dieser Bausteine für eine Fülle unterschiedlicher Lebensformen verantwortlich. Das Material, aus dem Leben besteht, ist also Sternenstaub, der sich in den interstellaren Gas- und Staubwolken sammelt. Durch Reaktionen miteinander entstehen die Bausteine des Lebens. Astronomen haben mehr als siebzig unterschiedliche organische Moleküle in den interstellaren Wolken entdeckt.

Das Phänomen der Lebensentstehung ist wesentlich problematischer, als noch in den 50er Jahren angenommen wurde. So hält die Vorstellung, daß auf der jungen Erde in einer Art Ursuppe chemische Verbindungen herumschwammen, um sich schließlich aus purem Zufall zu einem Lebensverbund zusammenzuschließen, kritischer Überprüfung nicht stand. Die erste Euphorie, den Prozeß der Entstehung des Lebens entdeckt zu haben, geht auf Experimente des amerikanischen Biochemikers Stanley Miller zurück. Dieser mixte 1953 Wasser, Wasserstoff, Methan und Ammoniak in einem Glaskolben, um die irdische Uratmosphäre zu simulieren. Dann setzte er diese Mixtur künstlich erzeugten Blitzen aus. Dieser Prozeß führte tatsächlich zur Bildung von organischen Molekülen, darunter auch Aminosäuren, die als Bausteine des Lebens gelten. Jedoch haben diese, auch in interstellaren Gas- und Staubwolken vorhandenen Bausteine nicht das Geringste mit dem »Wunder Leben« zu tun, denn damit wurde die Entstehung der reduplikationsfähigen Substanz – des genetischen Codes DNS – zum Fortbestand, zur Vermehrung und Differenzierung des Lebens noch nicht geklärt. Die Hypothese, die Bausteine des Lebens seien wie Buchstaben in einer Lostrommel vermischt worden, um sich sozusagen zu einem riesigen »sinnvollen Computerprogramm« zu formieren, noch dazu in ziemlich kurzer Zeit, ist geradezu absurd. Denn vor 3,8 Milliarden Jahren, das heißt relativ »rasch« nach der Entstehung der Erde, gab es auf unserem Planeten schon Leben. Insofern muß der Zufallsfaktor für die Entstehung von Leben auf der Erde selbst bei Computersimulationen wegen Zeitmangels ausgeschlossen werden. Aber was dann, wenn nicht ein Zufall?

Gibt es etwas wie eine Schöpfungsstrategie, eine Weltformel für die Entstehung des Lebens? Vielleicht läßt sich diese Frage durch die Chaostheorie beantworten. Denn danach können die kleinsten Veränderungen tiefgreifende Auswirkungen auf ein ganzes System mit sich bringen und gleichzeitig neue Systeme entstehen lassen. Zudem stellt die Chaostheorie auch unter Beweis, daß im Grunde genommen keine isolierten Systeme existieren, sondern alles untereinander vernetzt ist. Vor allem aber wird nachgewiesen, daß sich hinter scheinbar chaotischen Zufallsereignissen eine höhere Ordnung verbirgt – sozusagen: ein deterministisches Chaos. Wie alle anderen Systeme setzt sich auch hier Leben aus sogenannten Fraktalen zusammen, den Bausteinen des Chaos. Doch selbst das Chaos hat Methode, mit anderen Worten: Der Zufall hat Methode.

Vielleicht bilden sich bereits in den interstellaren Gas- und Staubwolken Lebenskeime, die dann durch Meteoriten und Kometen auf Planeten gelangen. In der Milchstraße gibt es tatsächlich unzählige Kometen, von denen sich immer wieder einige in den inneren Bereich unseres Sonnensystems »verirren«, und von Zeit zu Zeit schlägt ein größerer auf einem Planeten auf.

Die Astrophysiker Fred Hoyle und sein Kollege Chandra Wickramasinghe, Cambridge, vertreten die Hypothese, daß Mikroorganismen aus dem All durch

Kometen und Meteoriten zur Erde gelangt sind. Ihrer Schätzung nach verteilt sich auf die Milchstraße eine Gesamtmenge von 10^{33} Tonnen Mikroorganismen, die dort bei einer Temperatur von 30 Kelvin über dem absoluten Nullpunkt (= −273,16 °C), sozusagen in der Tiefkühltruhe Weltraum, ihrer »Bestimmung« harren.

Sollte dieser Prozeß des Lebenstransports auf die Erde zutreffen, dürfte er sich auf den Planeten anderer Sonnensysteme in ähnlicher Weise abspielen. Leben könnte sich also auf Planeten von geeigneter Größe, beziehungsweise Schwerkraft, und dem richtigen Abstand von ihrer jeweiligen Sonne, das heißt, mit einer ausreichenden Ökosphäre entfalten. Nach entsprechenden Berechnungen müßte dies sehr häufig der Fall sein, und damit dürften andere Planetensysteme unserer Milchstraße Leben beherbergen.

Nach Ansicht des Jesuiten und Paläontologen Pierre Teilhard de Chardin vertritt das gesamte Universum von Anfang an bis in alle Ewigkeit ein in der Entstehung befindliches einheitliches Muster. Das herausragende Merkmal des kosmischen Ablaufs ist seiner Meinung nach die Tendenz zu wachsender Komplexität. So haben kleine Einheiten die Neigung, sich zu größeren Strukturen zu verbinden, um in der Vielfalt eine Einheit herzustellen, die schrittweise neue Möglichkeiten eröffnet. Die Evolution des Anorganischen führte so hin zu komplexen organischen Molekülen und schließlich zum lebenden Organismus. Teilhard de Chardin meint, daß sich diese Höherentwicklung zu immer komplexeren Systemen gänzlich ohne göttlichen Einfluß vollzieht. Diese Höherentwicklung wäre das Ergebnis zunehmender Komplexität innerhalb der Materie selbst und sei von Natur so beschaffen, zu immer höheren Formebenen zu streben, bis hin zum Menschen und darüber hinaus.

In der Entwicklungsgeschichte des Lebens hatten die multizellularen Organismen und die geschlechtliche Fortpflanzung die Bedeutung einer Erweiterung der evolutionären Vielfalt.

Die fossilen Funde aus den vergangenen 600 Millionen Jahren legen Zeugnis davon ab, daß auch Umweltveränderungen für die Steuerung der Evolution mitverantwortlich waren. Denn durch Erdbeben, Vulkanausbrüche, klimatische Veränderungen, Eiszeiten, Kometen- und Asteroideneinschläge wurden ganze Arten ausgelöscht und durch eine noch größere Vielfalt abgelöst. Im Verlauf dieser ganzen Entwicklungsphase hat jedoch zumindest die neurophysiologische Komplexität einiger Spezies ständig zugenommen. Bedauerlicherweise geht jedoch aus fossilen Funden nichts über die Zwangsläufigkeit der Entstehung von Intelligenz hervor. Allerdings spricht einiges dafür, daß sie im Überlebenskampf von Vorteil ist. Bei unseren Vorfahren scheint die Verbindung zwischen geschickten Händen und Intelligenz zur Herstellung von Werkzeugen geführt zu haben. Weiterhin brachte die Anwendung von Werkzeugen in Verbindung mit einer fortschreitenden kulturellen Evolution die Entwicklung einer Technologie mit sich, mit deren Hilfe die Umwelt verändert werden konnte. In den vergangenen 10 000 Jahren hat der Mensch das Land zu kultivieren gelernt, aber er lernte auch zu schreiben. Und in den letzten 100 Jahren haben wir uns die Fähigkeit angeeignet, mit Lichtgeschwindigkeit zu kommunizieren. Warum sollten sich solche Prozesse der Höherentwicklung nicht auch bei extraterrestrischen Lebensformen vollzogen haben?

Einerseits können Kometen und Meteoriten als Lebensträger die biologische Evolution auf jungen Planeten zwar einleiten, andererseits aber auch den Untergang ganzer Arten besiegeln. In der Tat darf die von »streunenden Felsbrocken« aus den Tiefen des Alls lauernde Gefahr für das Leben auf der Erde nicht unterschätzt werden. Wissenschaftler machen die Einschläge von Asteroiden und Meteoriten für das Auseinanderdriften der Kontinente und das Aussterben der Dinosaurier verantwortlich. Schätzungen zufolge umkreisen etwa 250 000 Asteroiden die Sonne und schlagen immer wieder auf ihren Planeten und deren Monden ein.

Von Zeit zu Zeit kreuzen einer oder mehrere von ihnen die Erdbahn. Die meisten Meteoriten verglühen zwar bei ihrer Kollision mit der dichten Erdatmosphäre, aber das tun nicht alle. So entdeckte beispielsweise der argentinische Pilot Ruben Lianza 1992 in der argentinischen Pampa bei Rio Cuarto eine Aneinanderreihung langgestreckter Vertiefungen in einem von Nordost nach Südwest verlaufenden »Korridor«, deren größte einen Durchmesser von über vier Kilometern hatte. Die fachwissenschaftliche Untersuchung des Geologen Peter Schulz ergab, daß hier ein aus nordöstlicher Richtung kommender Meteorit beachtlichen Ausmaßes aufgeschlagen und zerplatzt war und seine aufprallenden Bruchstücke weitere Kratereinschläge verursacht hatten. Der Durchmesser des Himmelskörpers betrug schätzungsweise wenigstens 150 Meter.

Erst 1992 passierte der drei Kilometer messende Asteroid »Toutatis« in der – nach astronomischen Maßstäben geringen – Entfernung von 3,5 Millionen Kilometern die Erde.

Beide Male entging die Erde ums Haar einer Katastrophe. »Wäre beispielsweise der Rio Cuarto-Meteorit statt auf die Pampa in den Nordatlantik gestürzt, hätte er zehn Meter hohe Wellen erzeugt, die sich mit

300 bis 500 Stundenkilometern ausgebreitet und als gewaltige Springfluten die amerikanischen und europäischen Küsten verwüstet hätten«, erklärte der Meteoritenexperte Dr. Mark Bailey von der John-Moores-Universität in Liverpool. »Die Wahrscheinlichkeit, daß dergleichen zu unseren Lebzeiten passiert, liegt bei nur 1:100.«

Bailey zufolge explodiert in der oberen Atmosphäre jeden Monat ein Meteorit von der Sprengkraft einer Ein-Kilotonnen-Atombombe. Das geht aus den Messungen amerikanischer »Himmelsspione« hervor, deren Ergebnisse Anfang Mai 1993 auf einem Kongreß von 60 Astronomen, Mathematikern und Militärs in Sizilien vorgelegt wurden. Auf dieser Konferenz, die unter dem Vorsitz von Edward Teller, dem Erfinder der Wasserstoffbombe, stand, wurde die Errichtung eines globalen Meteoriten-Warnsystems diskutiert. Teller schlug darüber hinaus vor, Satelliten mit Atomsprengköpfen im Erdorbit zu stationieren, um damit gegebenenfalls einen nahenden Asteroiden zu zerstören.

Dies wäre eine mögliche Lösung, um eine kosmische Katastrophe dieser Art zu überstehen. Nach Berechnungen des australischen Astronomen Duncan Steel aus Sydney könnte am 14. August 2116 solch ein Ereignis eintreten. An diesem Tag soll nämlich seinen Berechnungen zufolge ein Asteroid von fünf Kilometern Durchmesser mit der Erde kollidieren. Beim Aufschlag würde Sprengkraft entsprechend der Wirkung von 1,6 Millionen Hiroshima-Bomben freigesetzt. Anfangs käme eine 32 000 Stundenkilometer schnelle Stoßwelle, die eine 240 Kilometer breite Schneise schlüge. Dem würde stundenlanger Steinhagel mit Brocken, so groß wie Berge, folgen; schließlich fiele der »Todesregen« – Stickstoff und Sauerstoff, vermischt mit Salpetersäure, ätzend wie jede Säure. Der Mensch würde aussterben wie einst die Dinosaurier. Die Chance für ein Eintreffen dieses Szenarios liegt immerhin bei 1 : 10 000, behauptet Steel.

Derzeit gehen viele Wissenschaftler davon aus, daß die Erde von Asteroiden bedroht wird. Schon 1996 kündigte daher das Pentagon an, zum Schutz unseres Planeten das Raketenabwehrsystem »Clementine 2« einzusetzen.

»Eridu«, klingt es mir in den Ohren. Hat jemand Eridu gesagt? Ich schrecke auf.

»Excuse me, do you mind?« Jemand schiebt sich vorsichtig an mir vorbei. Langsam nimmt die Umgebung Gestalt an. Ich stehe vor der Vitrine in der sumerischen Abteilung des Britischen Museums in London. Hat hier jemand Eridu gesagt, 5800 Jahre nach Eridu? Fragend sehe ich mich um.

»Wenn wir den Ort besuchen, finden wir einen von Wüste umgebenen Sandhügel, der weder den Mythos noch die Realität einer großen Vergangenheit ahnen läßt.

Abu Schahrein, wie Eridu heute genannt wird, ist ein unbewohnter, ja unbewohnbarer Platz inmitten ständig wandernder Sanddünen, dessen Zentrum – der einstige Tempelberg von Eridu – als einziges Zeichen menschlichen Daseins auf dem Gipfel einen in den irakischen Landesfarben Rot-Weiß-Schwarz bemalten Stab trägt.

Über die sich ständig bewegende Sandfläche verstreut finden wir mit Keilschriftstempeln versehene Lehmziegel. Sie sind das einzige Anzeichen dafür, daß hier Menschen ansässig waren, daß hier Leben geherrscht hat. Von den ältesten, aus der Obed-Zeit stammenden Bauten sieht man nicht die geringste Spur.

Unter dem heftigen, scharfen Wind bewegt sich das endlose Sandmeer, das die alten Stätten bedeckt, die die Archäologen nur vorübergehend freilegen konnten und die nach eiligen Ausgrabungen sofort wieder vom Sand zugedeckt wurden wie in den vergangenen Jahrtausenden. Denn vergänglich wie die Kulturen des Zweistromlandes sind auch die Versuche ihrer Ausgräber, sie wieder ans Licht zu bringen. Enlil, der Windgott, erweist sich selbst heute noch als stärker, Eridu ist ein Beweis dafür. Die Stätte, an der nach dem sumerischen Mythos Geschichte begann, ist seit langem ein geschichtsloser, gestaltloser Platz, ein Ort, wo alles menschliche Leben aufgehört hat – wo Zeit in Ewigkeit übergegangen ist«, schreibt Helmut Uhlig in *Die Sumerer*.

Sind Aufstieg und Untergang der normale Zyklus einer Zivilisation? Ist nicht auch der Untergang unserer Zivilisation schon vorgezeichnet? Hat die Menschheit den Weg zum Selbstmord bereits eingeschlagen, weil sie bisher keine Symbiose zwischen Sensus und Ratio – Natur und Technik – eingegangen ist? Der Mensch mordet den Menschen und tötet die Natur – Fauna wie Flora –, er tötet seine Welt, geht es mir durch den Kopf, als ich das Britische Museum verlasse.

Und doch, wiederholt sich nicht alles?

Es ist »rush hour«. Zwischen den steinernen Häuserschluchten eilen die Menschen dahin, winken nach einem Taxi oder stehen an einer Haltestelle geduldig Schlange, bis sie ein Doppeldecker-Bus aufnimmt. Ich schlendere an Antiquitätenläden vorbei, bewundere alte Münzen, ägyptische Figürchen und schaue ungläubig auf ein sumerisches Rollsiegel.

»Es deutet alles darauf hin, daß sich in den Weiten des Universums immer wieder die gleichen Organisationsmuster und Informationen wiederholen. Ganz gleich, ob es dabei um Moleküle, Steine, Kristalle, Sterne, Galaxien oder Lebensformen geht«, meint Rupert Sheldrake. »Es liegt nahe, im Universum ein kosmisches Resonanzgeflecht zu vermuten, und es ist nicht abwegig, sich das Universum als einen allumfassenden Organismus mit eigenem morphischen Feld vorzustellen, das alle untergeordneten Felder umschließt, beeinflußt und verbindet.«

So gesehen, hat Materie – ob Atom, Stein oder Stern – Geist und ist deshalb auch kommunikationsfähig.

Es beginnt zu regnen. Immer mehr Tropfen fallen. Ich suche Schutz in einem Ladeneingang, lausche dem Wind.

> *Lausche dem Wind, der die Felsen flüstern läßt*
> *und du erhältst Weisheit«,*

sagen die Indianer Nordamerikas.

Literatur- und Quellenverzeichnis

Alford, Alan: *Gods of the New Millenium*. London 1997
Alter Orient und Altes Testament. Veröffentlichungen zur Kultur und Ge-schichte des Alten Orients und des Alten Testaments. Bergerhof, Kurt/Dietrich, Manfred/Loretz, Oswald (Hrsg.). Neukirchen-Vluyn o.J.
Asher-Greve, Julia M.: *Frauen in altsumerischer Zeit. Biblioteca Meso-potamica. 18.* Malibu 1985

Baigent, Michael/Leigh, Richard: *The Elixier and the Stone.* London 1997
– *Verschlußsache Jesus.* München 1991
Bailey, Alice A.: *Die geistige Hierarchie tritt in Erscheinung.* Genf 1967
Barthel, Manfred: *Was wirklich in der Bibel steht.* Düsseldorf 1991
Bauer, Martin: *Die Tempelritter.* München 1997
Behm, F.: *Ausgrabungen und Ausgräber.* Stuttgart 1955
Behrens, H.: *Enlil und Ninlil. Ein sumerischer Mythos aus Nippur.* Rom 1978
Bennett, John G.: *Gurdjieff – Aufbau einer neuen Welt.* Freiburg 1976
– *Die Meister der Weisheit.* Freiburg 1979
Bernbaum, Edwin: *Der Weg nach Shambhala.* Hamburg 1982
Bibby, G.: *Dilmun – Die Entdeckung der ältesten Hochkultur.* Hamburg 1973
Biedermann, Hans: *Das verlorene Meisterwort. Bausteine zu einer Kultur- und Geistesgeschichte des Freimaurertums.* Wien 1986
Blavatsky, Helena Petrowna: *Die Geheimlehre. Die Synthese von Wissen-schaft, Religion und Philosophie.* Den Haag o.J.
Boulay, R.A.: *Dragon Power.* Clearwater 1992
– *Flying Serpents and Dragons.* Clearwater 1990
Braghine, Anthony: *Atlantis.* Stuttgart 1939
Bramley, William: *The Gods of Eden.* San José 1990
Brentjes, B.: *Land zwischen den Strömen. Eine Kulturgeschichte des alten Zweistromlandes Irak.* Leipzig 1963
Bryant, Alice/Galde, Phyllis: *The Message of the Crystal Skull.* St. Paul 1989
Buttlar, Johannes v.: *Adams Planet.* München 1991
– *Die Außerirdischen von Roswell.* Bergisch Gladbach 1996
– *Drachenwege.* München 1990
– *Einstein hoch zwei.* München 1998
– *Die Einstein-Rosen-Brücke.* München 1982
– *Gottes Würfel.* München 1992

- *Leben auf dem Mars*. München 1987
- *Sie kommen von fremden Sternen*. Köln 1986
- *Supernova*. München 1988
- *Das UFO-Phänomen*. München 1978
- *Unsichtbare Kräfte*. München 1985
- *Die Wächter von Eden*. München 1993
- *Zeitreisen*. Bergisch Gladbach 1998
- *Zeitriß*. München 1988

Cayce, Edgar: *Edgar Cayce on Atlantis*. New York 1968
Charles, Robert H.: *The Book of Henoch*. London 1917
Charlesworth, James H.: *The Old Testament Pseudepigrapha*. Vol. 1.2. New York 1983/85
Charpentier, John: *Die Templer*. Berlin 1981
Charpentier, Louis: *Macht und Geheimnis der Templer*. Olten 1978
Childress, David H.: *Lost Cities and Ancient Mysteries of Africa and Arabia*. Stelle 1990
- *Lost Cities and Ancient Mysteries of South America*. Stelle 1988
- *Lost Cities of China, Central Asia and India*. Stelle 1987
- *Vimana Aircraft of Ancient India and Atlantis*. Stelle 1991
Chippindale, Christopher: *Stonehenge Complete*. London 1983
Churchward, Hames: *Mu – Der versunkene Kontinent*. Aitrang 1990
Clarke, Grahame/Piggott, Stuart: *Prehistoric Societies*. London 1970
Coulborn, R.: *Der Ursprung der Hochkulturen*. Stuttgart 1962

Dalley, Stephanie (Hrsg.): *Myths from Mesopotamia*. Oxford 1989
Dames, Michael: *The Silbury Treasure*. London 1976
Decter, Jacqueline: *Nicholas Roerich – Leben und Werk eines russischen Meisters*. Basel 1989
Dendl, Jörg: *Wallfahrt in Waffen*. München 1999
Donnelly, Ignatius/Sykes, Egerton: *Atlantis, the Antediluvian World*. New York 1949
Drake, Raymond W.: *Gods and Spacemen in Ancient Israel*. London 1976
- *Gods and Spacemen in Greece and Rome*. London 1976
- *Gods and Spacemen in the Ancient East*. London 1968
- *Gods and Spacemen in the Ancient West*. London 1974
- *Gods and Spacemen throughout History*. London 1975

Edzard, Dietz O.: *Sumerische Rechtsurkunden des III. Jahrtausends*. München 1968
- *Die ›Zweite Zwischenzeit‹ Babyloniens*. Wiesbaden 1957
Egli, Hans: *Das Schlangensymbol*. Olten, Freiburg 1985
Eigen, Manfred: *Perspektiven der Wissenschaft*. Stuttgart 1988
Ellis, Ralph: *Thoth – Architect of the Universe*. Dorset 1997
Evans, Hilary (Hrsg.): *Frontiers of Reality*. o.O. 1989

Falkenstein, A.: *Archaische Texte aus Uruk*. Leipzig 1936
Falk-Rønne, Arne: *Auf Abrahams Spuren*. Graz 1971
Ford, Julian: *The Story of Paradise*. Aylesbury 1981
Fowden, Garth: *The Egyptian Hermes*. Chichester 1986
Frankfort, Henri: *Kingship and the Gods*. Chicago 1948/78

Das Gilgamesch-Epos. Stuttgart 1958
Grant, Michael: *Das Heilige Land*. Bergisch Gladbach 1976
– *Die römischen Kaiser*. Bergisch Gladbach 1989
Grantham, A.E.: *Hills of Blue*. London 1927
Gray, J.: *Near Eastern Mythology, Mesopotamie, Syria, Palestine*. London 1949
Groves Campbell, F.W.: *Appolonius von Tyana*. Chicago 1968
Gurdjieff, George I.: *Meetings with Remarkable Men*. London 1963

Haas, Volker: *Magie und Mythen in Babylonien*. Vastorf 1986
Hamblin, Dora Jane: *Die ersten Städte*. Reinbek 1977
Hancock, Graham: *The Sign and the Seal*. London 1992
Hapgood, Charles H.: *Maps of the Ancient Seakings*. Philadelphia 1966
Hart, M.N./Zuckermann, B.: *Extraterrestrials: Where are They?* New York 1982
Hawkins, Gerald S.: *Mindsteps to the Cosmos*. London 1983
Hawking, Stephen W.: *A Brief History of Time*. London/New York 1988
Hawking, Stephen W./Ellis, G.F.: *The Large Scale Structure of Space-Time*. Cambridge 1973
Heidel, Alexander: *The Babylonian Genesis*. Chicago 1942
Die Heilige Schrift. Aschaffenburg 1987
Herodot: *Neun Bücher der Geschichte*. Stein, H. (Hrsg.), Essen 1984
Hesemann, Michael: *Botschaft aus dem Kosmos*. Neuwied 1993
– *Botschafter der Schönheit*. In: *Magazin 2000*, Nr. 78. Göttingen/Possenhofen 1988, S. 72–79
– *Geheimsache UFO*. Neuwied 1994
– *Kornkreise – Geschichte eines Phänomens*. Neuwied 1996
– *Das Land der Götter*. In: *Magazin 2000*, Nr. 90, Düsseldorf 1992, S. 61–67
– *Die Schriftrollen vom Toten Meer*. In: *Magazin 2000plus*, Nr. 133, Neuss 1998, S. 22–40
– /Chamish, Barry: *Der Zirkel der Riesen*. In: *Magazin 2000plus*, Nr. 134, Neuss 1998, S. 42–49
Hohl, Ernst (Hrsg.): *Historia Augusta*. Zürich 1976
Horneffer, August: *Symbolik der Mysterienbünde*. Heidelberg 1924
Hoult, Janet: *Dragons*. Glastonbury 1978
Hoyle, Fred: *Evolution aus dem All*. Berlin 1981
– *Das intelligente Universum*. Frankfurt a. M. 1984
– /Wickramasinghe, N.C.: *Does Epidemic Disease Come from Space?* In: *New Scientist* 1977

220

Jamblichus: *Über die Geheimlehren*. Leipzig 1922
Jirku, A.: *Kanaanäische Mythen und Epen aus Ras Schamra-Ugarit*. Gütersloh 1965

Keller, Werner: *Und die Bibel hat doch recht*. Düsseldorf 1978
Kish, C.: *Creations Dawn*. Haymarket 1908
Klengel-Brandt, Evelyn: *Der Turm von Babylon*. Berlin 1982/92
Klima, J.: *Gesellschaft und Kultur des alten Mesopotamien*. Prag 1964
Knight, Christopher/Lomas, Robert: *The Hiram Key*. London 1996
Kramer, Noah Samuel: *Geschichte beginnt mit Sumer*. München 1959
– *Mesopotamien*. Hamburg 1971
– *The Sumerians*. Chicago 1963
– *Sumerische literarische Texte aus Nippur*. Berlin 1961
– /Maier, John: *Myths of Enki, The Crafty God*. Oxford 1989
– /Wolkenstein, Diane: *Inanna*. New York 1983

Laidler, Keith: *The Head of God*. London 1998
Laurence, Richard: *The Book of Henoch the Prophet*. London 1883
Lemesurier, Peter: *The Great Pyramid Decoded*. Shafterbury-Dorset 1989
Leonard, Cedric R.: *Quest for Atlantis*. New York 1979
Lincoln/Baigent/Leigh: *Der Heilige Gral und seine Erben*. Bergisch Gladbach 1984
– *Das Vermächtnis des Messias*. Bergisch Gladbach 1987
Lissner, Ivar: *So lebten die römischen Kaiser*. München 1977
Luckenbill, Daniel D.: *Ancient Records of Assyria and Babylonia*. Bd. 1.2. London 1989
Lurker, Manfred: *Lexikon der Götter und Symbole der alten Ägypter*. Bern, München 1987

MacKenzie, Norman: *Geheimgesellschaften*. Genf 1969
Maclellan, Alex: *The Lost World of Agharti*. London 1982
Malone, Caroline: *Book of Avebury*. London 1989
Markalo, Joan: *Die Druiden*. München 1989
Matthews, John: *The Grail Tradition*. Shaftesbury 1990
McCall, Henriette: *Mesopotamian Myths*. London 1990
Meade, Marion: *Madame Blavatsky – The Women Behind the Myth*. New York 1980
Medawar, Peter B./Medawar, Jean S.: *Von Aristoteles bis Zufall*. München 1986
Michell, John: *Die Geomantie von Atlantis*. München 1984
– *A Little History of Astro-Archaeology*. London 1989
– *The New View over Atlantis*. London 1983
Möller, Jens M.: *Geomantie in Mitteleuropa*. Freiburg 1988
Moortgat, A.: *Die Entstehung der Sumerischen Hochkultur*. Leipzig 1945

– *Geschichte Vorderasiens bis zum Hellenismus*. In: *Ägypten und Vorderasien im Altertum*. München 1950
– *Tammuz – Der Unsterblichkeitsglaube in der altorientalischen Bildkunst*. Berlin 1949
– *Vorderasiatische Rollsiegel*. Berlin 1940
Muck, Otto: *Alles über Atlantis*. Düsseldorf 1976

Oates, Joan: *Babylon*. London 1979
Orthmann, W.: *Der Alte Orient*. In: *Propyläen Kunstgeschichte*. Berlin 1975

Pagels, Heinz R.: *Die Zeit vor der Zeit*. Berlin 1987
Papke, W.: *Die Sterne von Babylon. Die geheime Botschaft des Gilgamesch – nach 4000 Jahren entschlüsselt*. Bergisch Gladbach 1989
Parrot, A.: *Sumer*. In: *Universum der Kunst*. München 1970
– *Sumer/Assur*. Ergänzung 1969. München 1970
Pauwels, Louis: *Gurdjew, der Magier*. Bern 1974
Pennick, Nigel: *Die alte Wissenschaft der Geomantie*. München 1982
– *Einst war uns die Erde heilig*. München 1989
Perry, John Weir: *Lord of the Four Quarters*. New York 1991
Pettinato, G.: *Das altorientalische Menschenbild und die sumerischen und akkadischen Schöpfungsmythen*. Heidelberg 1971
Philostratos, Flavius: *Das Leben des Apollonios von Tyana*. Übers. und erl. von Vroni Mumprecht. München 1983
Platon: *Politikos, Philebos, Timaios, Kritias*. Reinbek 1959
Price, Randall: *In Search of the Temple Treasures*. Eugene 1994
Pritchard, James B.: *The Ancient Near East*. Princeton 1975

Reichenbach, Hans: *Der Aufstieg der wissenschaftlichen Philosophie*. Stuttgart 1977
Ringgren, Helmer: *Die Religionen des Alten Orients*. Berlin 1987
Roerich, Nicholas: *Shambhala. Das geheime Weltzentrum im Herzen Asiens*. Freiburg 1988
Rothman, Tony: *Science à la Mode*. Princeton 1989
Russel, Edward Wriothesley: *Design for Destiny*. London 1971

Saggs, H.W.F.: *Mesopotamien*. Zürich 1966
Schmökel, H.: *Funde im Zweistromland*. Göttingen 1963
– *Geschichte des Alten Vorderasien*. In: *Handbuch der Orientalistik*. II.3. Leiden 1957
– *Heilige Hochzeit und Hohes Lied*. Stuttgart 1956
– *Kulturgeschichte des Alten Orient*. Stuttgart 1961
– *Das Land Sumer*. Stuttgart 1956
– *Ur, Assur und Babylon*. Stuttgart 1955
Schuré, Eduard: *Die großen Eingeweihten*. Bern 1965
Sciarna, D.W.: *Modern Cosmology*. Cambridge 1985
Scott, Ernest: *Die Geheimnisträger*. München 1989

Shcherbakov, Vladimir: *Why did Atlantis Sink?* In: Antonio Huneeus (Hrsg.): *A Study Guide to UFOs, Psychic and Paranormal Phenomena in the USSR.* New York 1990
Sheldrake, Rupert: *Das Gedächtnis der Natur.* Bern, München, Wien 1990
Sitchin, Zecharia: *The Cosmic Code.* New York 1998
– *Das erste Zeitalter.* München 1994
– *Genesis Revisited.* New York 1990
– *Götter, Mythen, Kulturen, Pyramiden.* München 1990
– *The Lost Realms.* New York 1990
– *Stufen zum Kosmos.* Unterägeri 1982
– *Und die Anunnaki schufen den Menschen.* Essen 1996
– *The Wars of God and Men.* New York 1985
– *Der Zwölfte Planet.* Unterägeri 1979
Soden, Wolfram v.: *Einführung in die Altorientalistik.* Darmstadt 1985
– *Sumer, Babylon und Hethiter.* In: *Propyläen Weltgeschichte.* Bd. I. Berlin 1961
Stöber, Harald: *Herr der Götter.* Düsseldorf 1987
Stollberger, Edmond: *The Babylonian Legend of the Flood.* London 1962

Tetzlaff, Irene: *Der Graf von St. Germain.* Stuttgart 1982
Thompson, Richard L.: *Vedic Cosmography and Astronomy.* London 1989
Tomas, Andrew: *Atlantis.* London 1973
– *Das Geheimnis von Atlantiden.* Stuttgart 1971
– *Wir sind nicht die Ersten.* Bonn 1972
Tompkins, Peter: *Cheops.* Bern, München 1976
Toth, Max: *Pyramid Prophecies.* Rochester 1988

Uhlig, Helmut: *Die Sumerer.* Bergisch Gladbach 1989
Uyldert, Mellie: *Mutter Erde – Orte der Kraft und ihre Wirkung.* München 1987

Wegner, Helena: *Beiträge zur Geschichte der Weisheitsreligion.* Pforzheim o.J.
Wehr, Gerhard (Hrsg.): *Die Bruderschaft der Rosenkreuzer.* München 1984
Wilson, Colin: *Beyond the Occult.* London 1989
Wiseman, D.J.: *Götter und Menschen im Rollsiegel Westasiens.* Prag 1958
Wolfe, J.H./Edelson, R.E./Billingham, J./Crow, R.B./Gulkis, S. u.a.: *The Search for Extraterrestrial Intelligences/Life in the Universe.* Cambridge 1981
Woolley, Leonard C.: *The Sumerians.* New York 1965
Woolley, L.: *Mesopotamien und Vorderasien.* In: *Kunst der Welt.* Baden-Baden 1961
– *Ur in Chaldäa – Zwölf Jahre Ausgrabungen in Abrahams Heimat.* Wiesbaden 1957

Ziegler, C.: *Die Terrakotten von Warka.* Berlin 1962
Zink, David: *The Stones of Atlantis.* Toronto 1978

Noch vor kurzem wurden Zeitreisen als Utopie abgetan.
Doch inzwischen sind auf Grund revolutionärer Er-
kenntnisse über die Beschaffenheit der Raum-Zeit sogar
einige international bekannte Wissenschaftler wie z.B.
Stephen W. Hawking zu der Überzeugung gelangt, daß
Zeitreisen grundsätzlich möglich sind.

Durch eine Reise in die Vergangenheit wird der gesunde
Menschenverstand stark gefordert. Was würde zum Beispiel geschehen, wenn ein Zeitreisender den Tod seiner
eigenen Großmutter verursacht, bevor deren Tochter, also seine eigene Mutter, geboren wäre? Wieso existiert
der Zeitreisende dann überhaupt?

Johannes von Buttlar faßt die verschiedenen Theorien
über die Beschaffenheit der Raum-Zeit zusammen, beschreibt die theoretischen Grundlagen und stellt Denk-
modelle über die Verwirklichung von Zeitreisen vor.

ISBN 3-404-70163-1